新潮文庫

# 古代史50の秘密

関　裕　二著



10287

# はじめに

歴史に登場する英雄たちには、「表の英雄」と「裏の英雄」の二種類がある。

たとえば、幕末から明治維新の英雄と言えば、坂本龍馬や西郷隆盛、桂小五郎（木戸孝允《たかよし》）、岩倉具視《ともみ》らの名があがるのだろう。

彼らが「表の英雄」とするならば、「裏の英雄」は、徳川慶喜《よしのぶ》や勝海舟ではなかろうか。

「勝海舟は認めるにしても、なぜ徳川慶喜なのか」

と思われるかもしれない。しかし、もしこの人物が最後の将軍でなかったなら、日本は奈落《ならく》の底に突き落とされていただろう。大政奉還し、錦の御旗《にしきのみはた》におののき、大坂を引き払い、その後江戸城を無血開城に導いた功績は、絶大と言うほかはない。

官軍が東海道を攻め上る際、徳川慶喜は進言を受けている。最新鋭の軍艦・開陽丸を派遣し砲撃を加えれば、官軍に大打撃を与えられるという。しかし、これを斥《しりぞ》けた。

幕臣にすれば、徳川慶喜は暗君、迷君であろう。しかし、「日本全体の平和」という視点で見やれば、徳川慶喜の「潔い負けっぷり」は、歴史の奇跡と言っても過言ではない。内戦が短期間で終息し、日本が西欧列強の植民地にならずに済んだのは、徳川慶喜が負けた振りをしたからである。

戦争も経営も、「引き際《ぎわ》」がもっともむずかしい。それまで政権を担当してきたという、意地もある。見栄《みえ》もプライドもある。しかも、負けないだけの軍事力は保持していたのだ。もし徳川慶喜が徹底抗戦を選択していたら、日本の今日の繁栄はなかっただろう。おそらく日本は分裂し、双方をフランスとイギリスが支援し、これにアメリカが加わり、国土はかすめ取られていったにちがいない。先を読んでいた徳川慶喜は、潔く負けることを選択したのだろう。日本人の安寧のために苦杯をなめた徳川慶喜は、再評価されるべき人だ。

古代史の本なのに、なぜ幕末維新の話をしたかと言えば、まず第一に、資料が調っている百数十年前の歴史でも、人物の正しい評価はむずかしいということだ。

その理由ははっきりとしている。歴史は勝者が作るからだ。長い間明治政府の作り上げた歴史観が、まかり通ってきたのだ。

幕末から維新にかけての殺戮《さつりく》戦争も、文明開化、王政復古の美名の元に、正当化された。維新以前の日本は野蛮で迷信に満ちていたと決め付けられた。官軍に抵抗した者には、「頭の固い守旧派」のレッテルが貼《は》られたのだ。おかげで、少なくとも小生が学校に通っていた頃は、科学や世界史の授業では、いかに西洋文明が発達していたか、日本の発想がいかに貧相だったかが、大真面目《おおまじめ》に、教えこまれたものだ。戦後になっても、薩長《さつちょう》系の首相が大勢いたから、勝者の歴史観は、なかなか覆《くつがえ》されなかったのだ。つまり、歴史が正しく評価されるには、長い年月を要するということだ。そして、歴史を学ぶ者は、「真実はどこかに隠されてしまっている」という事実を忘れてはならない。

まったく同じことが、古代史でも起きていた。たとえば、表の英雄と言えば、天照《あまてらす》大神《おおみかみ》、天津彦彦火瓊瓊杵尊《あまつひこひこほのににぎのみこと》、神武天皇、ヤマトタケル、聖徳太子（厩戸皇子《うまやどのみこ》）、中臣《なかとみの》鎌足《かまたり》、中大兄皇子《なかのおおえのみこ》（天智《てんじ》天皇）らの名が思い浮かぶだろう。しかし、正史（朝廷の正式見解）『日本書紀』や『続日本紀』によって大悪人のレッテルを貼られ、これまで「ぼんくら」と思われてきた人たちの正体を追っていくと、意外な事実が浮かび上がってくる。勝者の一方的な評価とは裏腹に、「大悪人やぼんくら」たちの、輝かしい業績が見えてくる。さらに、これまで見すごされがちだった女性たちの活躍や東国の重要性も明らかになってくる。

埋もれた歴史の真相を、探ってみたいと思う。

# 古代史　50の秘密　目次

## 第2章　古代文書と考古学の世界

## 第3章　古代氏族と政争

## 第4章　古代女性の輝き

## 第5章　戦略と陰謀

# 古代史　50の秘密

# 第1章　外交と天皇

# 1 「藤原氏の敵」と手を結んだ聖武天皇の豹変

## 豹変《ひょうへん》した聖武天皇

平城京遷都《せんと》千三百年の節目の年（二〇一〇）に、大極殿《だいごくでん》が復元され、一帯の景色は様変わりした。

平城京に都が置かれた時代は、安定と繁栄の時代というイメージがある。『万葉集』に「あをによし寧楽《なら》の京師《みやこ》は咲く花の薫《にお》ふがごとく今盛りなり」と歌われているからだろう。

だが、平城京には、これまであまり語られることのなかった歴史が隠されている。それは、天皇家と藤原氏の暗闘である。

そもそも、平城京は「天皇のための都」ではない。藤原氏が自家の栄華を誇示するための都であった。大極殿を見下ろす高台に藤原氏の氏寺・興福寺が建立《こんりゅう》されたのがいい例だ。

藤原氏は天皇に自家の女人を嫁がせ、産まれた子を天皇に据えた。平城京の主・聖武天皇こそ、藤原氏念願の「藤原氏の子」だった。しかも、母と皇后どちらも藤原不《ふ》比《ひ》等《と》の娘という念の入れようである。律令（法）と天皇を自由に操ることによって、藤原氏は盤石の体制を敷いたのである。

藤原氏は、政敵を陰謀にはめて、容赦なく排除した。このため、逆らう者はいなくなった。こうして藤原氏は、わが世の春を謳歌《おうか》していく。

ところが、ある時期を境に、聖武天皇は豹変する。

きっかけは、藤原不比等の四人の男子（武智麻呂《むちまろ》、房前《ふささき》、宇合《うまかい》、麻呂）が、天然痘の病魔に冒され一瞬で全滅したことだった。聖武天皇は藤原氏のコントロール下からのがれ、藤原氏と対決していく。また、平城京を離れ数年間各地を転々とするなど、謎《なぞ》の行動を取った。

この聖武天皇の豹変について、一般に「藤原氏に代わって台頭した新たな権力者に迎合した」「線の細い聖武天皇が、ノイローゼになった」などと解釈されるが、ことはそれほど単純ではない。聖武天皇は、権力の亡者《もうじゃ》＝藤原氏に反感を抱きはじめたのである。

## 王が権力者に対抗するための秘策

聖武天皇の「奇行」のひとつに、東大寺建立がある。巨大な東大寺は、天皇権力の象徴という印象が強く、人々は搾取されていたのではないかと思われがちだ。だが、創建の動機は、けっして驕《おご》り高ぶったものではなかった。

聖武天皇は河内で智識寺《ちしきじ》（柏原市《かしわら》）の存在を知り、感銘を受け、東大寺の建立を発願したのである。

智識寺は、多くの人々が私財や労力を持ち寄って建てた、民衆による民衆のための寺院だった。一般的な民衆ではない。律令制度からはじき飛ばされ、あるいは自らドロップアウトし、故郷を追われた優婆塞《うばそく》（乞食坊主《こじきぼうず》）たちである。

聖武天皇は優婆塞を束ねていた行基《ぎょうき》を懐柔し、あろうことか大僧正（仏教界の最高位）に抜擢《ばってき》し、東大寺建立のために優婆塞たちの力を求めたのである。

行基は朝廷から「小僧」と罵《ののし》られ、弾圧されていた。都の東の山に数千人、多いときで一万人の優婆塞を集め、気勢をあげていたというから、当然のことである。一方、行基は律令の矛盾と重税に苦しむ人々を救済し、各地に橋を架け、道を整備したから、絶大な人気を誇っていた。

聖武天皇は、「藤原氏の敵」を囲い込み、藤原氏との闘争を始めたのである。その象徴が、東大寺であった。

その後、政局は流転する。藤原不比等の孫・藤原仲麻呂《なかまろ》（恵美押勝《えみのおしかつ》）は、聖武天皇を引きずり下ろし、独裁権力を握る。ところが、今度は聖武天皇の娘の孝謙《こうけん》上皇が恵美押勝を追い落としてしまう。この独身女帝は、怪僧・道鏡《どうきょう》を皇位に就けようとしたことで悪名高いが、じつのところ、「藤原氏のための秩序など破壊してしまいたい」という衝動に駆られた疑いが強い。

藤原氏がのちに平城京を捨てざるを得なくなるのは、最下層の人々と天皇が結びつき、「藤原氏だけが栄える世界」の構築が不可能になったためである。

聖武天皇が考えついた「王が権力者に対抗するための秘策」は、歴史の伏流水となって、脈々と流れていく。平安時代以降、政争に敗れた天皇や皇族は、しばしば奈良に逃れ、山の民と手を結んだ。その代表例が、後醍醐《ごだいご》天皇だ。ただしこの秘策、聖武天皇の「専売特許」ではなく、「天皇家の伝統」のように思えてならない。神武天皇以来、なぜか天皇家は、辺境の民とつながっていた。南部九州の隼人《はやと》、吉野の山の民たちである。古人大兄皇子《ふるひとのおおえのみこ》や大海人皇子《おおあまのみこ》（天武天皇）は、政敵に追われて、吉野に逃れているが、神武天皇も、ヤマト入りに失敗したあと、いったん吉野に入ってから、北上している。

## 2 「天皇の政治利用」で身を滅ぼした恵美押勝

### 聖武天皇と争った藤原仲麻呂

私利私欲のために天皇を利用すると、ろくなことにはならない。藤原仲麻呂（恵美《えみの》押勝《おしかつ》／七〇六～七六四）がいい例だ。

天平九年（七三七）、藤原不比等の四人の男子が天然痘で全滅すると、反藤原派が台頭し、藤原氏は一気に凋落《ちょうらく》する。

ところが藤原氏は、雑草のように生き残る。ここで登場したのが、藤原仲麻呂（不比等の孫）だ。仲麻呂は藤原氏の復権を企て、聖武天皇と激突する。

仲麻呂はまず、聖武天皇の息子で、藤原の血を引かぬ安積《あさか》親王を密殺し（仲麻呂がやったことは、ほぼ通説となっている）、聖武天皇を皇位から引きずり下ろすことに成功する。こうしておいて孝謙天皇（聖武天皇と光明子《こうみょうし》の娘）を皇位につけた。

聖武天皇が崩御されると、仲麻呂は聖武の遺詔（遺言）によって立太子した道祖王《ふなどのおう》（天武天皇の孫）を排除し、自宅でかこっていた大炊王《おおいおう》（天武天皇の孫。舎人《とねり》親王の子）を皇太子に据えることに成功する。そして仲麻呂は、皇族と同等であるかのように振る舞いはじめた。

さらに、謀反《むほん》を企《たくら》んだとして、反藤原勢力を一網打尽にした。彼らの多くは「杖下《じょうか》に死んだ」と記録されている。つまり、裁きを受ける前に、拷問《ごうもん》でなぶり殺しにされたのである。これが、橘奈良麻呂《たちばなのならまろ》の変（七五七）だ。

血の粛清によって政敵を一掃した仲麻呂は、信用できない聖武の娘・孝謙天皇を引きずり下ろし、大炊王を即位させる。これが、淳仁《じゅんにん》天皇だ。

## 自らを中国の皇帝になぞらえた藤原仲麻呂

仲麻呂は亡《な》くなった長男の嫁を淳仁天皇にあてがい、淳仁に「父」と呼ばせるように仕向ける。その上で、淳仁天皇に実の父親・舎人親王を「皇帝」と称えさせた。婉《えん》曲《きょく》なやり方だが、これで「淳仁の義父＝仲麻呂」は、自らをも中国の皇帝になぞらえることに成功したのだ。

事実、仲麻呂は独裁権力を握り、「皇帝」になった。淳仁天皇から「恵美押勝」の名をもらい受けると、天皇御璽《ぎょじ》と同等の力をもつ「恵美家印」の所持を認められた。この時代、天皇御璽が捺印《なついん》された書類によって、官僚や軍が動くシステムだったから、恵美押勝（仲麻呂）は朝堂の全権を掌握したに等しい。太政官《だじょうかん》の承認を受けずに、好き放題なことができるようになった。

さらに、貨幣の鋳造を許可されて、恵美押勝は一家（藤原一族ではなく、恵美家だけ）で朝堂を牛耳り、恵美家だけが栄え、民衆はインフレに苦しむという悪夢が出来《しゅったい》したのである。

たちが悪いのは、恵美押勝が天皇の影に隠れて、私腹を肥やしていたことだ。そして、あわよくば王位を奪取しようと目論《もくろ》んでいたのではないかと思える節がある。すでに藤原不比等の娘・光明子は、「皇后は皇族」という原則を破り、立后されている。理由は、「皇太子の母」だからという藤原のごり押しだ。この理屈で言えば、恵美押勝は淳仁天皇の「父」なのだから、即位しても良い、ということになる。

だが、意外なところから、恵美押勝の野望は潰《つい》える。孝謙上皇は怪僧・道鏡とねんごろになり、これを淳仁天皇がなじり、険悪なムードが漂った。恵美押勝も、道鏡を排斥しろと声を張り上げ罵倒《ばとう》した。そして、恵美押勝が各地の兵を都に集めようと動いたことを孝謙上皇が察知し、情勢は一気に動いた。

孝謙上皇は恵美押勝を「逆臣」と罵り、官位と藤原の姓を剝奪《はくだつ》し、追討の軍勢を差し向けた。恵美押勝は多くの恨みを買っていて、味方につくものもおらず、近江《おうみ》に逃げた。恵美押勝は急きょ塩焼王《しおやき》（道祖王の兄）を「今帝」に立てて正統性を繕ったが、笑いものになっただけで誅殺《ちゆうさつ》された。いわゆる恵美押勝の乱（七六四）である。

日本は八百万《やおよろず》の神々がおわします多神教世界だ。独裁者は嫌われ排除されることが、必然である。古代天皇も、絶対的な正義を振りかざす独裁者にはなれなかった。天皇が大切に守られてきたのは、独裁者を出さないための、日本人の知恵であることを、恵美押勝は失念していたのである。

## 3　歴代中国王朝が倭国を重視した理由

### 倭国《わこく》外交の真骨頂

古代の外交と言えば、遣隋使《けんずいし》や遣唐使をすぐに思い浮かべるだろう。中国に媚《こ》び、先進の文物のおこぼれを頂戴《ちょうだい》したイメージが強い。けれども、邪馬台国《やまたいこく》の時代（二世紀後半～三世紀）の倭人は、積極的かつ能動的に外交戦を展開し、東アジアで一目置かれる存在であった。「魏志倭人伝《ぎしわじんでん》」の倭国にまつわる記事の量が他の地域と比べて多いのは、中国側が倭国を重視していたからだ。

ちなみに、「魏志倭人伝」の「魏」は、『三国志演義』で知られる魏、呉《ご》、蜀《しょく》の「魏」で、中国の混乱と邪馬台国問題は、けっして無縁ではなかった。

魏王曹操《そうそう》の縁者の墓（安徽《あんき》省亳《はく》県）から、「有倭人以時盟不」と記された奇妙な磚《せん》（レンガ）が出土している。「倭人はわれわれと盟約を結ぶだろうか」というのである。

磚は西暦一七〇年ごろに造られたもので、まさに邪馬台国の時代の話だ。

この磚はあまり重視されていないが、中国が倭の動静に関心をもっていたことを示している。たとえばこののち魏の宿敵・呉は、蜀だけではなく朝鮮半島を支配していた公孫《こうそん》氏と組んで、魏を挟撃しようと企んだ。その橋渡し役を倭国が担《にな》っていた可能性がある。ところが、魏は公孫氏を滅ぼし、帯方郡（朝鮮半島西岸中央部）に進出し、朝鮮半島を押さえてしまった。そこで倭国の卑弥呼《ひみこ》は、間髪入れずに魏に朝貢している。

情勢を見極めた変わり身の速さこそ、倭国外交の真骨頂であった。そして倭国は、背後の憂《うれ》いのない優位性を生かし、キャスティングボートとなって、朝鮮半島に影響力を及ぼしていく。こののち朝鮮半島諸国が倭国に多くの文物をもたらすのも、倭国の軍事力をあてにしたからである。

ちなみに、卑弥呼が獲得した「親魏」の称号は重みのあるもので、与えられたのは、倭国王と中央アジアの大月氏《だいげっし》国（現在のアフガニスタンとその周辺）の王だけである。

## 百年で八割の人口が消滅

それにしても、歴代中国王朝が、倭国を重視していたと言い出せば、「夜郎自大」という批判を受けそうだ。しかし、この時代、中国は没落し、倭国はそこにつけ込んだのだ。

中国の人口爆発が起きたのは戦国時代（紀元前四〇三～同二二一）で、鉄器の普及によって農地が拡大した。ただし、冶金《やきん》にいそしんだ挙げ句、国土から森林が消えてしまった。ここに、動乱の予兆が隠されていたのだ。すなわち、後漢が滅び、魏・呉・蜀が鼎立《ていりつ》したころ環境破壊が進み、干魃《かんばつ》や疫病《えきびょう》の蔓延《まんえん》によって中国社会は大混乱に陥っていたのだ。

具体的な数字をあげることができる。戸籍から割り出される二世紀半ばの中国の人口は、五千数百万人。ところが、黄巾《こうきん》の乱（一八四）とその後の『三国志』の時代、人口は激減する。『通典《つてん》』によれば、三世紀後半の中国の人口は、七百数十万人だという。この数字を信じれば、八割以上の民が百年ちょっとで消滅してしまったことになる（ただし、逃亡した民が戸籍に名を連ねなかったから、とする説もある）。

中国の没落は、朝鮮半島や倭国に影響を与えた。二世紀の倭国大乱も、国際情勢全体から見直さねばなるまいし、「倭国の外交戦略」を読み解けば、邪馬台国論争も前進するだろう。

「魏志倭人伝」最大の謎は、朝鮮半島から九州島北部までの経路が正確に記されているにもかかわらず、そこから先、邪馬台国までの記事が、まったくデタラメなことだ。この謎に多くの学者が取り組んできたが、いまだに答えは見つかっていない。だが、ひとつの仮説を埋め込めば、謎は解ける。
一人でも味方を増やしたい魏に対し、卑弥呼は「われらが倭国を代表するヤマト（邪馬台国）」と名乗り出て、魏は飛びついたというのが真相であろう。ただしこれは、卑弥呼の謀略である。

筆者は邪馬台国は北部九州にあったと考える。また、畿内に誕生していた巨大勢力「ヤマト（大和）」に対抗し、生き残るために魏と結び、虎《とら》の威を借りようとしたとみる。すなわち、卑弥呼は、中国の混乱に乗じ、親魏倭王の称号を獲得してしまったのだろう。だから、邪馬台国の所在地を誤魔化したのだ。詐欺《さぎ》のような外交劇である。

本家本元のヤマトは、外交戦の敗北にあわて「われらの方が魏から認められたヤマト」と国内向けに偽りの情報を流し、取り繕ったのだろう。その結果、ありもしない景初四年（魏の年号「景初」は三年で終わっていた）の年号を刻んだ三角縁神獣鏡《さんかくぶちしんじゅうきょう》を鋳造してしまったことになる。またこののち、正真正銘のヤマトは九州の邪馬台国を呑《の》みこんで親魏倭王の称号を奪ってしまう（拙著『蘇我氏の正体』新潮文庫）。

キツネとタヌキの化かし合いだが、当時の倭人に国際的な謀略を仕掛ける胆力が備わっていたことだけはたしかである。

# 4　学術調査では解けない応神天皇の謎

## 天皇陵をいま発掘する必要があるのか

二〇一一年二月、宮内庁は第十五代応神《おうじん》天皇が眠る（とされる）誉田御廟山《こんだごびょうやま》（大阪府羽曳野《はびきの》市。全長四二五メートルの巨大な前方後円墳）の調査を許可した。天皇陵の学術調査ははじめてだけに期待が集まったが、三時間以内に切り上げねばならぬこと、遺物を持ち出すことが禁じられていることなど、あまりにも制約が多く、たいした成果は上がらなかっただろう。

ただし、宮内庁を責めるべきではない。天皇陵を発掘しなければ古代史を解きあかすことはできないと主張する学者も多いが、これ自体が間違いなのだ。

問題の第一は、考古学者が冷静な判断ができなくなっていること。今話題に上っている邪馬台国論争がいい例だ。纏向《まきむく》遺跡（奈良県桜井市）から邪馬台国の決定的証拠が挙がっていないのに、「纏向の時代と邪馬台国の時代が合っている」という事実だけで、「邪馬台国と纏向をイコールでつなごうとしている。これは、科学者の発言とは思えない。

第二に、文献学の行き詰まりという問題がある。

じつを言うと、史学者は六世紀以前の歴史を、『日本書紀』や『古事記』といった文献から解きあかすことができないのだ。原因ははっきりしている。史学者が固定観念に縛られて、せっかくのヒントを、台無しにしているからである。古墳時代を巡る日本史の教科書の記述が面白くないのは、このためだ。

考古学が進歩して発掘が進んでも、六世紀以前の歴史の文脈、人の歩みをたどれなければ、何の意味もない。物証がそろっていても、動機がわからなければ、犯罪の立証がむずかしいのと同じである。動機どころか、犯人が見つからないのが、古代史の現状と言っていい。

その点、誉田御廟山が今回発掘調査を許可されたのは、象徴的な事件かもしれない。なぜなら、応神天皇は、古代史の「ヘソ」だからだ。ところが、「ヘソ」であることに、史学者はまだ気づいていない。

『日本書紀』の応神天皇にかかわる記述の中に、ヤマト建国を解明するための多くのヒントが埋もれているのに、史学者は「取るに足らないお伽話《とぎばなし》」と斬《き》り捨ててしまっているのである。

## 『日本書紀』編者が闇《やみ》に葬《ほうむ》ったこと

そこで、応神天皇にまつわる興味深いエピソードをいくつか紹介しておこう。

応神天皇は仲哀《ちゆうあい》天皇と神功《じんぐう》皇后の間の子だ。『日本書紀』によれば、仲哀天皇はクマソ（熊襲《くまそ》）征討のために北部九州に滞在中、神のいいつけを守らなかったために急死してしまう。この恐ろしい神の正体は、住吉大神《すみよしのおおかみ》であったらしい。

住吉大神を祀《まつ》る住吉大社（大阪市住吉区）の伝承によれば、仲哀天皇が亡《な》くなられた晩、神功皇后と住吉大神は夫婦の秘め事をしたという。

たしかに、これらの話はお伽話や神話のようで、とても歴史には見えない。史学者が無視するのも、分からぬではない。ところが……。

『日本書紀』は仲哀天皇の亡くなられた日から十月十日後に応神天皇が生まれたと記録する。誕生日を特定できる古代人は極めてまれだ。しかも、神功皇后がまじないで産み月を遅らせたと言い、応神天皇の父が仲哀天皇であったことを念押ししている。

この態度は不審きわまりない。『日本書紀』は、住吉大社の伝承を、意識しすぎているとしか思えない。そして、応神天皇が仲哀天皇の子でないことを誰もが知っていたからこそ、『日本書紀』は「産み月」のアリバイ工作をして、歴史改竄《かいざん》を行なったのではないか。

一方で、『日本書紀』の編者は、神功皇后の時代に「魏志倭人伝」の記事をかぶせ、神功皇后を邪馬台国の女王だったと暗示してみせた。また、邪馬台国北部九州説の最有力候補・山門《やまと》の女首長が神功皇后に殺されたとも記録している。これらの記述をどう解釈すればよいのだろうか。

筆者は初代神武天皇と十代崇神《すじん》天皇、応神天皇を同時代人とみなし、神功皇后を邪馬台国の卑弥呼の一族の女・台与《とよ》と考えている（拙著『呪《のろ》う天皇の暗号』新潮文庫）。応神天皇は福岡市付近で生まれて、瀬戸内海を航海してヤマトに向かうが、政敵の襲撃に遭い、紀伊半島に一時避難している。この行程は、初代神武天皇の東征ルートをほぼなぞっている。

『日本書紀』は、ヤマト建国の詳細を熟知していて、だからこそ、真相を闇に葬るために、同時代人、同一人物を三つの時代に分けたのではないか。それはなぜかと言えば、応神天皇の忠臣として大活躍した武内宿禰《たけのうちのすくね》が、蘇我《そが》氏の祖だったからである。神武天皇をヤマトに誘った塩土老翁《しおつつのおじ》なる神の正体も、蘇我氏の祖神であったことは、他の拙著の中で述べたとおりである。『日本書紀』編纂《へんさん》時の権力者だった藤原不比等は、この事実を隠匿《いんとく》するために、ヤマト建国の歴史を闇に葬る必要があったのだろう。憎き政敵であった蘇我氏がヤマト建国にかかわっていたのでは具合が悪かったのだ。

これまでの常識を疑い、新たな視点で見つめ直せば、見捨てられてきた六世紀以前の『日本書紀』の記述の中に、いくらでも謎解きのヒントは埋もれているのである。天皇陵発掘以前に、やるべきことはたくさんあるのだ。

# 5　歴史の端境期に現れる「異端児」「地方」

## 福井からヤマトに乗り込んだ継体《けいたい》天皇

古来歴史の流れが変わる瞬間、活躍するのは、「異端児」や「地方」であった。

たとえば五世紀後半に現れた第二十一代雄略《ゆうりゃく》天皇は、異端児であった。

ヤマト建国来、大王《おおきみ》（天皇）は祭司王で、強大な権力は与えられていなかった。ところが五世紀に入ると、変化が起きる。朝鮮半島北部の騎馬民族国家・高句麗《こうくり》が南下政策を採り始めたため、ヤマト朝廷は軍事介入を行なった。ここに、強く迅速な意志が求められるようになり、この時登場したのが、雄略天皇であった。

そもそも雄略に即位の芽はなかった。けれども、安康《あんこう》天皇暗殺事件の混乱に乗じて、玉座を手に入れた。雄略は複数の皇位継承候補に謀反《むほん》の嫌疑をかけ、順番に殺していったのだ。当時最大の権勢を誇っていた円大臣《つぶらのおおおみ》（葛城《かつらぎ》氏）をも滅ぼしてしまう。

雄略天皇は、乱暴な性格だったらしい。『日本書紀』によれば、「自分が正しい」と信じこみ、誤って多くの人々を殺してしまったという。だから人々は「大《はなは》だ悪《あ》しくまします天皇なり」と罵《ののし》った。やはりこの男は、異端児であった。

一方で雄略天皇は強権を発動し、旧態依然としたシステムを一気に潰《つぶ》しにかかった気配がある。

五世紀後半は、旧体制側の豪族たちも衰退し、新たな勢力が勃興《ぼっこう》する時代でもあった。この流れに乗った雄略天皇は、さしずめ古代版・織田信長といったところか。

次のキーワードは、「地方」だ。

地方からヤマトに乗り込んで改革事業を押し進めたのが、六世紀初頭に彗星《すいせい》の如《ごと》く現れた第二十六代継体天皇（男大迹王《おおどのおおきみ》）である。

継体天皇は第十五代応神天皇の五世の孫で、近江（滋賀県）で生まれ、越《こし》（福井県）で育った。血の論理からみて難のある継体が担《かつ》ぎ上げられたのは、先帝・武烈《ぶれつ》天皇が暴虐な君主だったことと、武烈の崩御によって皇統が絶えたためである。

継体天皇の出現は王朝交替だったのではないかとする説が囁《ささや》かれるが、それよりも重大な問題がふたつある。

まず第一に、五世紀後半の越が、ヤマトを出し抜き、先進の文物を取り入れ、富を蓄えていたことだ。瀬戸内海航路を牛耳る「吉備《きび》」が五世紀半ばに没落し、ヤマト朝廷が混乱する中、越が日本海航路を活用し、朝鮮半島との間に太いパイプを構築していたのである。

第二に、「東」の後押しを受けて、継体天皇がヤマトに乗り込んだことである。即位以前、継体は東海の雄・尾張《おわり》氏の女人を娶《めと》っていた。二人の間に生まれた御子《みこ》が後に即位し、安閑《あんかん》、宣化《せんか》天皇となる。したがって、三代続く「東国系王朝」となったが、列島を分断する文化圏の東側から新たな王がやってきた事自体、特筆すべき事件なのだった。

東国の蝦夷《えみし》と深くかかわった越の阿倍氏が、このころから頭角を現しているのは、継体天皇とともに中央政界に乗り込んだからだろう。蘇我氏の勃興もほぼ同時で、この一族も、東国とは浅からぬ因縁でつながっている。

「東とつながった人々」

古代東国の実力は、これまで軽視されてきた。五世紀後半以降、畿内を除いた日本列島で、巨大な前方後円墳を造営しつづけたのは、関東であった。関東は新興勢力であり、日本海ルートの恩恵を受けていたのだ。日本海（越）↓信濃川↓碓氷《うすい》峠↓関東とつながる流通ルートは、弥生時代、すでに確立されていた。

また、「日本海の勃興と継体天皇の出現、これを後押しする東国」という図式を当てはめると、六世紀以降の歴史がスムーズに説明できる。

継体天皇出現後、改革に取り組んだのは「東とつながった人々」であった。蘇我氏こそ改革派だったと筆者は考えるが、蘇我氏が東国とつながっていた事実を無視することはできない。蘇我氏は身辺を守るガードマンに東国の屈強の兵士を選んでいる。蘇我全盛期のヤマト朝廷と蝦夷は、蜜月《みつげつ》状態にあった。蘇我入鹿《いるか》の父の名が「蝦夷」なのも、偶然ではない。

蘇我氏と尾張氏が、こののち改革派の大海人皇子擁立を画策すると、朝堂を二分する政争に発展。ついに壬申《じんしん》の乱（六七二）が勃発する。大海人皇子は、東国の軍事力を総動員して、近江朝を圧倒したが、この図式はまさに「新興勢力や地方（東国）に端を発した世直し」そのものである。大海人皇子は即位し（天武天皇）、独裁体制を敷き、一気に改革を押し進めた。天武が強いリーダーシップを発揮できたのは、新興勢力の「東」の後押しを得ていたからである。

古代にしめる「東国」の地位が非常に高かったにもかかわらず、これまでほとんど注目されてこなかったのは、八世紀の『日本書紀』を編纂した政権が、「東国」を敵対視していたからにほかならない。「東国」の活躍は、歴史からきれいに消し去られてしまったのである。

# 6　武士はなぜ天皇を守ったのか

## 地方に飛ばされた「王家の末裔《まつえい》」

平清盛は保元《ほうげん》の乱（一一五六）と平治《へいじ》の乱（一一五九）を制して、武家政権を樹立した。その後、源氏に取って代わられるが、なぜ、平氏と源氏が武士を束ね、十二世紀の半ば、台頭したのだろうか。

源氏と平氏は平安時代以降に臣籍降下した人たちだが、歴史を遡《さかのぼ》っていけば、王家の末裔氏族は、星の数ほどいる。神武天皇の末裔・多氏《おお》や敏達《びだつ》天皇の末裔・橘《たちばな》氏が有名だ。また蘇我氏も、第八代孝元《こうげん》天皇の末裔だったと『古事記』は記している。

古代王家の親族の多くは、中央で活躍する例が多かった。ところが、源氏と平氏の場合、少し様子が異なる。というのも、彼らは地方にはじき飛ばされていくからだ。

政敵を次々に滅ぼし朝堂独占を目論《もくろ》んでいた藤原氏が、次から次へと「再生産」される皇族出身者を邪魔に思い、中枢《ちゅうすう》から遠ざけたのではあるまいか。

各地に散らばった平氏と源氏は、土豪たちを束ね、武士となっていく。特に九世紀後半の東国は治安が著しく低下し、平氏や源氏は鎮圧の目的を携えて東国に赴いたのである。

古墳時代の関東にも、源氏と平氏にそっくりな氏族が実在した。それが、上毛野氏《かみつけの》だ。

『日本書紀』崇神四八年（おそらく四世紀）正月条には、ふたりの有望な皇子に夢占いをさせ、皇太子を選び、もうひとりに東国の治政を委《ゆだ》ねたとある。その名を豊城入《とよきいり》彦命《ひこのみこと》といい、彼の末裔が現地に赴き、上毛野氏と下毛野氏《しもつけの》となった。関東北部に拠点を造り、睨《にら》みをきかせたのだ。

東国の民は、王家の末裔を大いに歓迎したと『日本書紀』は記し、この「中央の権威をありがたがる」という風土が、平氏や源氏の東国進出を容易にした。

**藤原氏を支えた源氏・平氏**

ここで、不思議な現象が起きてくる。平安京の藤原氏の繁栄を、源氏や平氏が支えるようになっていったのだ。「欠けることのない望月《もちづき》（満月）」と藤原道長《ふじわらのみちなが》が豪語できたのも、源氏と平氏のおかげだった。

カラクリは次のようなものだ。

律令制度は私地私民を禁じ、農地を公平に分配したが、すでに奈良時代、制度疲労が起きて、民は困窮した。そこで、「新たに開墾した土地は、私有しても良い」と、ルール変更がなされた。これが、墾田永年私財法《こんでんえいねんしざいほう》である。

とは言っても、こののち私腹を肥やしていったのは、藤原氏と大社寺であった。各地に散らばっていった源氏と平氏は、「天皇の末裔」というブランド力を借りて、それぞれの地域の土豪たちをまとめ、領地を広げていった。ただし、律令本来の土地制度も残っていたから、公の土地を管理する国衙《こくが》（地方の役所）との間に、摩擦や軋轢《あつれき》が絶えなかった。そこで源氏や平氏は、中央の藤原氏や大社寺に土地を寄進し、土地支配の正当性を主張したのだった。虎《とら》の威を借りたのである。

つまり、平安中期の藤原氏の繁栄は、地方から勝手に財が集まってきたことに起因していた。藤原氏は広大な領土を獲得し、「錐《きり》をさしはさむほどの余地も残されていない」と語られるほどだった。

また、平氏や源氏の中から、中央政界との間に構築した太いパイプを利用し、次第に都で活躍する者が現れた。それが、桓武平氏と清和源氏だ。

とはいっても、当初源氏と平氏は、不当な扱いを受けてきた。武士は貴族のガードマンであり、使いっ走りであった。そこそこの官位と役職を与えれば、尻尾《しっぽ》を振ってくると、貴族たちは考えていたようだ。ところが、貴族同士が争い、問題解決に武力を用いるようになって、次第に武士の発言力は高まった。また摂関家《せっかんけ》（藤原氏）が衰弱し、天皇と院（上皇・法皇）の権力闘争が激化し、結局平治の乱を制した平清盛が、主導権を握ったのである。

## 下剋上《げこくじょう》の時代でも

武士は強大な権力を握ったが、天皇を滅ぼさなかった。

理由は簡単なことのように思える。平氏や源氏は太古の上毛野氏同様、「天皇の末裔」を看板にして東国や各地でもてはやされた。そのブランド力を維持するためには、天皇家を守ったほうが、得策だったのだろう。

平安時代、武士の棟梁《とうりょう》の座を、たまたま天皇の末裔が獲得したことによって、天皇の地位は安定したのだ。下剋上の時代に移っても、成り上がりたちは、源氏や平氏の系譜に紛れ込み、天皇家の末裔であることを誇りにしたのである。

「源」の名のおこりは、「祖（源）が天皇家であることの誇りを忘れさせないため」であったと言うが、そのブランドが、天皇を守り続ける要因のひとつになったことは、間違いあるまい。

# 7　失敗の連続だった「ヤマト朝廷」の外交戦

## 外交力のない日本

島国育ちの日本人は、伝統的に外交が下手だ。日常的に「生きるか死ぬか」の駆け引きをしてきた大陸や半島の人々とは勝負にならない。

九世紀以降明治九年（一八七六）の日朝修好条規締結に至るまで、朝鮮半島と正式な国交を断絶し続けたことも、外交力の低下を招いた一因だろう。

史上唯一《ゆいいつ》の外交の成功例は、遣隋使かもしれない。『隋書』や『日本書紀』にその様子が記されている。七世紀初頭（飛鳥《あすか》時代）に聖徳太子が隋に使者を送り、「日出《い》づる処《ところ》の天子、書を日没する処の天子に致す。つつがなきや云々《うんぬん》」と大見得を切り、隋の煬帝《ようだい》をあわてさせた。一度は激怒した煬帝だったが、小国日本の意気軒昂《いきけんこう》なことを怪しみ、文林郎《ぶんりんろう》（隋の官位。学芸文筆の名誉職）の裴世清《はいせいせい》を答礼使として日本に差し向けたのだった。

聖徳太子は、難波《なにわ》に迎賓《げいひん》のための館《やかた》を建立《こんりゅう》し、盛大に裴世清を歓迎した。そのうえでへりくだり、「文明国の教えを請《こ》いたい」と頭を下げた。よもや、東海の孤島に、文化的な世界が広がっているなどとは夢にも思っていなかった裴世清は驚き、感心したにちがいない。

これぞ、英邁《えいまい》な人物・聖徳太子の、機知に富んだ外交戦といってよい。

しかし、この成功例をのぞけば、ヤマト朝廷の外交戦は、失敗の連続であった。

たとえば、六世紀後半、朝鮮半島最南端の伽耶《かや》の滅亡を救うことができなかった。伽耶とは、歴史の教科書に「任那《みまな》」の名で登場していた地域で、日本の同盟国だった。

弥生時代、日本海を挟んで、九州北西部と伽耶の地域は、同一文化圏といってよいほど、交流が深まっていた。また、多くの倭人が、鉄資源を求めて海を渡り、伽耶に殺到していた。

伽耶の地域は多島海だったから、商業も発達した。中世の堺が自治を重んじたように、伽耶諸国は強大な権力の発生を嫌い、それぞれが独立を保ちつづけた。豊かな土地だったからこそ、周辺国は領土欲に燃えたわけだ。

高句麗は四世紀末以降南下政策をとりつづけるが、六世紀になると圧迫された百済《くだら》と新羅《しらぎ》は、最南端の伽耶の領域に、触手を伸ばしてきた。

『日本書紀』継体六年（五一二）十二月の条には、任那滅亡のきっかけとなった事件が記録されている。百済が使者を日本に送ってきて、次のように請うた。すなわち、「任那の一部（百済寄りの四県）は日本から遠く、百済に近いので、譲って欲しい」。その方が、任那を守るためにも得策だというのだ。

ヤマト朝廷内部は賛否両論分かれたが、結局任那は割譲されてしまった。

## 草刈り場となった伽耶

この記事、実際には、百済の伽耶侵攻を黙認したということだろう。ヤマト朝廷にすれば、伽耶も大切だったが、中国に向かう航路の途中にある百済の要求も、無下にできなかったのだ。

けれども、これが仇《あだ》となった。誤ったサインを送ったことによって、こののち伽耶は「草刈り場」となってしまった。新羅が積極的に伽耶に進出してきたのである。

ヤマト朝廷は新羅の野望を阻止しようと目論んだが、ここでも、大きな失策を犯した。ヤマト朝廷内部が分裂してしまったのだ。

欽明《きんめい》二年（五四一）七月、ヤマト朝廷の出先機関である任那日本府が、あろうことか新羅と結託し謀略をめぐらせている。欽明五年（五四四）、欽明天皇の呼びかけで任那復興会議が開かれることになったが、任那日本府が拒否してしまう。これもおかしなことだ。欽明九年（五四八）、任那日本府は高句麗をそそのかし、百済を攻めさせた。本国の意向をことごとく無視し、反旗を翻《ひるがえ》したに等しい。

ヤマト朝廷が分裂し、結束できなかったこともあって、結局伽耶は新羅に呑《の》みこまれてしまったのである。

こののち、伽耶復興はヤマト朝廷の悲願となった。しかし、夢は叶《かな》わなかった。それどころか、七世紀に百済も滅亡し、朝鮮半島は新羅によって統一され、日本と新羅は、しばらく冷戦状態となる。このように、朝鮮半島をめぐる外交戦は、失敗の連続であった。

ちなみに、九州と朝鮮半島を結ぶ航路はふたつあって、伝統的に「博多→壱岐《いき》→対馬《つしま》」のルートは百済寄り、「宗像《むなかた》→沖《おき》ノ島《しま》」は新羅寄りだといわれている。出雲が神話の中で新羅とつながるのは、ヤマト建国以前から出雲→宗像→沖ノ島→新羅（朝鮮半島東南部）のルートが確立されていたからだろう。そして六世紀のヤマト朝廷は、内在していたふたつの勢力の外交政策を一本化できず、安易に譲歩し、過《あやま》ったメッセージを送ったことで、大切な同盟国を失ったのである。

このように、外交と内政、ふたつの失政が重なり、六世紀の日本は東アジア世界で零落したのだ。

# 8　時代とともに変わった「天皇の役割」

## 天皇の不可侵性の謎《なぞ》

そもそも「天皇とは何者なのか」については、いまだにはっきりとした答が、出されていない。

なぜ天皇は永続したのか、なぜ天皇に歯向かうと恐ろしい目に遭うと信じられていたのか、わからないことばかりだ。

かつて中世史に遡って網野善彦や今谷明の論争が展開され話題になったが、意見は平行線を辿《たど》り、はっきりとした結論は出なかった。

天皇の正体を示すことができないのは、古代の天皇の実態を知らないからだと筆者は思うのだが、逆に近代の天皇の謎を探ることで、天皇の別の一面を覗《のぞ》き見ることができると感じている。

明治維新後の天皇は、長い天皇家の歴史のなかで、異質な存在であった。明治政府は、西欧の帝国主義を真似《まね》て、海外に軍勢を派遣することを画策し、天皇を利用したのだ。

帝国主義の大義名分は、キリスト教の正義であった。世界の未開な地域にキリスト教を広め、野蛮な人々をキリスト教の高みに引き上げる必要があると考えたのだ。自分勝手で都合のいい考えで、平和な時代を過ごしていたアジアの国々は、次々と蹂躙《じゅうりん》され、支配され、植民地となっていった。

かろうじて植民地化の危機を乗り越えた日本は、立憲君主国を打ち立て、富国強兵策をとり、キリスト教と天皇をすり替えて大義名分を掲げ、帝国主義の真似ごとをはじめたわけである。

キリスト教世界から見れば、「天皇の正義」は「邪教の論理」だったのだろうし、それ以上にアジアの人々にとって、西欧列強に追従した日本の行為は、許しがたいものだったろう。

ここでひとつ、誤解を解いておきたいことがある。

天皇に手をかければ、恐ろしい祟《たた》りに遭うと、漠然とした共通の認識を日本人は抱き続けてきたが、天皇にもっとも近い立場にいた公卿《くぎょう》たちは、「天皇はいくらでもすげ替えが可能」と考えていた節がある。すなわち、宮中の取り巻きたちは、外の人間に対し、「天皇は神聖な存在」と演出してみせたが、本人たちは、「天皇を支えているのはわれわれ」であり、しかも「天皇は道具」としか思っていなかった。

幕末から明治維新にかけて朝廷を牛耳っていたのは藤原氏系で、彼らは維新後、天皇にもっとも近しい人たちとして、華族《かぞく》に引き立てられ、閨閥《けいばつ》を築き、確固たる地位を築いた。西園寺《さいおんじ》公望《きんもち》や近衛《このえ》文麿《ふみまろ》ら藤原氏系の首相も出現している。

藤原氏は八世紀以降、朝堂を独占し、天皇家の外戚《がいせき》の地位に居座り続けた。歴代天皇のほとんどが、「藤原腹の子」であり、藤原氏は、天皇家を私物化していた。だから、藤原氏は言いなりにならない皇族や天皇を、簡単に排除し、抹殺することもあった。藤原氏にとって天皇は、恐ろしい存在ではなかったのだ。この事実を歴代天皇はよくわかっていただろうし、昭和天皇も敗戦前後、命の危険を感じていたのではなかろうか。

## 孝明《こうめい》天皇の死の謎

幕末の孝明天皇の例を見れば天皇家の置かれた位置がはっきりとする。

慶応二年（一八六六）一二月、病床にあった孝明天皇は、天然痘《てんねんとう》と診断されたが、病状は回復していた。ところが容態が急変し、亡《な》くなられた。

孝明天皇は幕府寄りで、岩倉具視《いわくらともみ》ら討幕派の公卿らが陰謀を企てたのではないかと、勘ぐられた。崩御のタイミングが、討幕派にとって、あまりにも都合が良すぎたからである。

この説の出所はアーネスト・サトウの回想録で、当時から宮中では、毒殺説が噂《うわさ》されていたという。だから、「ヒ素を盛られたのではないか」と、まことしやかに語られてきたのだ。

ただし近年、現代医学の視点から、毒殺説は斥《しりぞ》けられてしまった。原口清は「孝明天皇は毒殺されたのか」（『日本近代史の虚像と実像　第一巻』大月書店）の中で、記録に残る病状から、天然痘による病死（紫斑性痘瘡《しはんせいとうそう》と出血性膿疱性《のうほうせい》痘瘡を両方をふくめた出血性痘瘡）と、判断している。

けれども、宮中の奥深くでは、「天皇は邪魔になれば殺される」と、あたりまえのように考えられていたところに、問題の本質は隠されていよう。天皇に歯向かえば恐ろしい祟りに遭うと信じ込んでいたのは、武家や庶民だけであって、その幻想を造り出したのは、天皇を操っていた藤原氏だったのではないかとさえ思えてくるのである。

# 9　「遠交近攻」の産物だったヤマト建国

## 出雲《いずも》とタニハ

歴史をふり返ると、「仲のよかった隣国」という例は、ほとんどない。逆に、隣国と仲が悪かったから、「隣の隣、敵の敵と手を結ぶ」ということが多かった。隣国を挟み撃ちにして、包囲する作戦である。

「魏志倭人伝《ぎしわじんでん》」の邪馬台国（二世紀後半から三世紀）も、魏の遠交近攻策と関係がある。「魏志倭人伝」の倭国にまつわる記事は例外的に長く詳しいのだが、それは魏にとって日本列島が地勢上大きな意味をもっていたからだ。

中国は『三国志』の時代で、混乱し覇権を争っていた。魏は南部の呉《ご》から延びる海の道を警戒していたのだろう。南西諸島から九州島、壱岐、対馬を経由して朝鮮半島に続く「対魏包囲網」が構築されるのを、恐れていたと考えられる。

魏の曹操《そうそう》の生まれ故郷（安徽省北西の亳県）から、西暦一七〇年前後の磚《せん》（レンガ）が見つかっていて、そこに奇妙なことが書かれていた。「倭人はわれわれと盟約を結ぶだろうか（有倭人以時盟不）」というのだ。倭人がどちらの味方につくかは、当時から注目されていたらしい。混乱の中で分裂し覇を競っていた中国の諸地域は、隣国を圧倒するために、遠い国、隣の隣と手を結ぼうと考えていたのだ。

三世紀から四世紀半ばのヤマト建国も、日本海沿岸諸国の遠交近攻策がきっかけとなって「瓢箪《ひょうたん》から駒《こま》」の形で、成し遂げられたもののようだ。隣国を牽制《けんせい》しあっているうちに事態が変化し、最終的に大同団結をはたした事件であった。対立していたのは、出雲とタニハ（但馬《たじま》、丹波《たんば》、丹後《たんご》、若狭《わかさ》）である。

ここで少し、ヤマト建国のいきさつをふり返っておこう。

ヤマト建国といえば、北部九州から先進の文物を携えた強い王が東征して成立したと考えられてきた。ところが、ヤマト政権発祥の地・纒向《まきむく》遺跡の発掘調査が進み、北部九州の影響力がほとんど無かったことがわかってきた。出雲や吉備の活躍が目立つのだ。出雲の四隅突出型墳丘墓の「貼石《はりいし》」が前方後円墳の「葺石《ふきいし》」となり、吉備で生まれた特殊器台形《とくしゅきだいがた》土器や特殊壺形《とくしゅつぼがた》土器が、前方後円墳の墳丘上に並べられた。ヤマト建国のシンボル＝前方後円墳の大切な部分に、吉備と出雲の埋葬文化が取り入れられていた。そして意外なことに、近江や東海といった「東側の働きかけ」が大きな意味を持っていた様子も見えてきた。近江と東海から纏向に流れ込んだ外来系の土器が、他の地域の土器を数で圧倒していたのだ。東側から多くの人間がヤマトに流れ込んでいたことがわかる。

しかも東海や近江は「前方後方墳（前方後円墳ではなく、前も後ろも四角）」を造り、独自のネットワークを構築しつつあった。ここに大きな意味が隠されていたのだ。最終的に、前方後円墳体制側が主導権を握るが、「東」の実力も侮《あなど》れなかったし、「東」の動きには日本海側の主導権争いが大きくからんでいたのだ。すなわち、出雲とタニハの暗闘と相互に展開された遠交近攻策が、「東」に思わぬ恩恵となったのだ。

## 「たすき掛け」の主導権争い

時代を少しさかのぼってみよう。弥生時代後期の出雲では、巨大な四隅突出型墳丘墓が造営された。この埋葬文化は日本海づたいに越前、越中に到達しているが、途中のタニハは受け付けず、独自の埋葬文化を守りつづけた。しかも、越前と越中を飛び越えた越後の地域では、タニハの影響を受けた弥生墳丘墓が造営されていた。出雲とタニハが「たすき掛け」になって主導権争いを展開していたことがわかる。

ヤマト建国の直前、日本列島は鉄の争奪戦をくり広げていた。北部九州は朝鮮半島の鉄を独占的に入手し、流通ルートも制禦《せいぎょ》していた。出雲や吉備には鉄を流し、ヤマトには渡さなかった。ヤマトは天然の要害で、ここが勃興すれば北部九州の優位性は崩れることを知っていたのだろう。そして出雲は北部九州の後押しを受けて、日本海の流通を支配しようと画策し、タニハが抵抗したのである。

ところが、ここに思わぬ落とし穴が待ち構えていた。タニハの地域は、いつの間にか鉄の保有量を増やしていった。朝鮮半島から直接手に入れるようにルートを構築したようなのだ。九州や出雲にとって厄介だったのは、タニハの西側（鳥取市と豊岡市の間）がリアス式海岸で、陸づたいにタニハを攻略できなかった点だ。山陰本線の「余部《あまるべ》鉄橋」をみれば、この土地の険しさは、すぐに納得できる。

そこで出雲は、海を渡り、北陸と手を結び、タニハを挟み込んだのだ。出雲にすれば遠交近攻作戦をしかけタニハを圧倒したつもりだったろう。ところが、タニハは、予想外の行動に出ていた。越後と手を結ぶだけではなく、近江、東海に、先進の文物を流し、この一帯を潤《うるお》していった。そして、「タニハ＋近江＋東海」の地域が手を組み、ヤマト盆地にいち早く進出してしまった……。実力では出雲と吉備にかなわないが、天然の要害を先におさえてしまった意味は、とてつもなく大きかった。あわてた出雲と吉備はヤマトに乗り込み、わだかまりを解き、大同団結をはたしたのだろう。

ここに纒向遺跡誕生の図式が見えてくる。

つまり、日本海をたすき掛けにして争ったタニハと出雲の遠交近攻策が、巡り巡ってヤマト建国を成し遂げるきっかけを作ったわけである。

## 10 「天皇家」と「出雲国造家」の永いゆかり

**無視されていた「出雲勢力」**

高円宮家《たかまどのみや》の典子さま（大正天皇の曾孫）と、出雲《いずも》国造《こくそう》家の千家《せんげ》国磨《くにまろ》氏が結婚された。神話の時代から続く日本を代表する名家が、結ばれたことは、めでたく、喜ばしいことだ。

ところで、天皇家と「出雲」といえば、敵対する仲というイメージがある。神話の中で、天上界（高天原）のタカミムスヒと天照大神《あまてらすおおみかみ》は、子や孫（天皇家の祖神）に葦《あし》原中国《はらのなかつくに》（地上界）を支配させようと考えたが、大己貴神《おおあなむちのかみ》（大国主神《おおくにぬしのかみ》）ら、出雲の神々が邪魔になった。そこで使者を送り込み、国譲りを迫ったのだ。仲が悪いと思われるのは、あたりまえだ。

ただし、天皇家と出雲国造家の関係は、複雑だ。

まず、出雲国造家の祖神・天穂日命《あまのほひのみこと》は天照大神の子で、天皇家の祖・天忍穂耳命《あまのおしほみみのみこと》の弟だった。だから天皇家と出雲国造家は、遠い親戚《しんせき》なのだ。ではなぜ、天穂日命は出雲と関わっていくことになったかというと、国譲りの尖兵《せんぺい》として派遣されたからだ。
つまり、出雲国造家の敵は、「出雲」だったのだ。

「神話の世界の敵対関係など、絵空事だ」
と思われるかもしれない。しかし、史学者が「馬鹿馬鹿《ばか》しい」と相手にしてこなかった出雲の神話や伝承を、考古学が証明してしまうという事態が、ここ三十年間、続いてきた。

荒神谷《こうじんだに》遺跡（島根県出雲市斐川《ひかわ》町）の非常識な数の青銅器。日本海各地に伝播《でんぱ》していった巨大な四隅突出型墳丘墓。そして、出雲国造家に伝わっていた『金輪御造営差図《かなわのごぞうえいさしず》』に描かれていた非常識な高さの建造物の痕跡《こんせき》が実際に発見されたこと（出雲大社境内遺跡）などなど。例を挙げれば切りがない。

この結果、存在するはずがないと無視されていた「出雲勢力」も、ヤマト建国前後に実在し、ヤマト建国に貢献していたこと、しかもその直後、出雲が一気に衰退してしまったこともわかっている。出雲の国譲りは、現実に起きていた可能性も高くなってきたのだ。

ヤマト建国直後、ヤマトとの間に交わされた主導権争いの結果、出雲は没落していったようなのである。

## 「尾張」と「物部《もののべ》」

出雲国造家は、不思議な人びとだ。なぜか、東海地方の尾張氏と接点を持っている。ヤマト建国後、出雲国造家は出雲の地で「前方後方墳」を造り続けた。これは、近江・東海地方で誕生し、発達した古墳だ。そして、出雲国造家は当初、出雲大社から離れた出雲の東側に拠点を構え、熊野大社を祀《まつ》っていた。熊野大社といえば、紀伊半島の熊野本宮大社（和歌山県田辺市）が有名だが、神武東征説話の中で「熊野の高倉《たかくら》下《じ》」という人物が登場し、神武を救う。彼は尾張氏の祖だ。ここで熊野と尾張氏がつながっている。出雲の国譲りで最後の切り札として送り込まれたのは経津主神《ふつぬしのかみ》と武甕槌神《たけみかづちのかみ》という神だが、前者は物部系、後者は尾張系とされる。ここでは、出雲の国譲りと尾張氏がつながった。

出雲の西隣、石見国《いわみのくに》の物部神社（島根県大田《おおだ》市）には、奇妙な伝承が残る。それによれば、物部氏と尾張氏の祖はヤマト建国の直後、手を携えて出雲を挟み込むような場所に楔《くさび》を打ちこんだという。どうやら出雲の国譲りとは、実際には「物部」や「東海の尾張」と出雲の争いだったようだ。

## 「敗れた出雲」のその後

物部氏は吉備出身と筆者は考える。また、ヤマト建国には、吉備、東海、出雲の三つの地域がからんでいたと指摘しておいた。前方後円墳が、これらの地域の埋葬文化を組み合わせることで成立したように、ヤマトの王家も、三つの勢力が婚姻関係を結び、そこから生まれ出た「御子」をみなで支えて王にしたのではないかと、筆者は睨《にら》んでいる。

七世紀に中大兄皇子は大和三山の歌を残し、「三つの山が恋の駆け引きをした。昔からそうであったらしい」といっているのは、ヤマト建国時から始まった、三つの勢力の暗闘と共存を表現していたのだろう。

『日本書紀』は「尾張氏は天皇と同族」といい、物部系の『先代旧事本紀《せんだいくじほんぎ》』は「尾張氏は物部氏から出た」と言っていて、矛盾する。けれども、「ヤマトの王家は三つの家（勢力、地域）が血を混ぜ合わせて完成した」と考えれば、尾張氏が天皇家と物部氏双方の親族という話が、謎ではなくなるのである。

そしてヤマト建国後、主導権争いが起きて、吉備（瀬戸内海）と東海が出雲（日本海）を蹴落《けお》とし、東海の尾張氏が、出雲を監視するために、出雲に拠点を築き、出雲国造家に任命されたのだろう。

蛇足ながら、「敗れた出雲のその後」について、卑見を述べておきたい。争いに敗れた出雲の貴種は、北部九州から南部九州へと逃れ、その後ヤマトに呼び寄せられ復活した。祭司王に立てられたわけである。

天皇家の祖神と出雲神が鏡で映した表と裏で同一という説のあることは、後に述べるが、天孫降臨とは、実際には出雲神の零落の歴史だったのだ。

ところがヤマトでは天変地異・疫病《えきびょう》の蔓延《まんえん》によって人口が半減してしまい、出雲の神々が祟っていると信じられ、南部九州に落ち延びた出雲の貴種＝神武をヤマトが招き寄せた。こうして担《かつ》ぎ上げられた祭司王が出雲神（天皇家の祖神でもある）を祀り、鎮《しず》めたのだ。

ただし、「出雲（日本海勢力）」は完璧《かんぺき》に復活したわけではなかった。「尾張氏」が出雲国造となって、日本海の流通を制限したからだ。

仲違いをし、仲直りをし、それでもわだかまりをもちつづけてきたであろう二つの家が、現代にいたり、ふたたび同じ道を歩まれることになったのは、じつにめでたいことではないか。

# 第2章　古代文書と考古学の世界

## 11　箸墓古墳でも決着しない「信仰の域」の邪馬台国論争

**箸墓《はしはか》（箸中山）は三世紀半ばに造営された？**

邪馬台国《やまたいこく》論争といえば、古代史の華である。だから、考古学の新たな発見があれば、マスコミが放っておかない。二〇〇九年五月、纒向《まきむく》遺跡（奈良県桜井市。ヤマト朝廷揺籃《ようらん》の地）の最古級の前方後円墳「箸墓」が三世紀半ばの造営であった可能性が出てきたと発表され、「邪馬台国はヤマトか」と、大騒ぎになった。邪馬台国の卑弥呼《ひみこ》は、二世紀末から三世紀半ばにかけての倭《わ》国の女王。当然、「箸墓が卑弥呼の墓なら、邪馬台国論争に終止符が打たれる」と、期待は高まったわけである。

けれどもこれは、新たな迷走の始まりでしかない。

箸墓の造営年代を確定したとされるのは炭素14年代法だ。炭素に含まれる「炭素14」が、五千七百三十年で半減する性質を利用して、遺物にこびりついた炭素の中の炭素14の量を測定して、遺跡の年代を割り出そうとするもので、海外ですでに高い評価を得た手法である。

ただし、欠点がある。時代や地域によって、空気中に漂う炭素14にバラツキがあり、一定のスピードで遺物の炭素14が減っていくわけではない。これを補正した数値のグラフは出来上がっているが、年代幅がある。したがって箸墓の場合、正確には、三世紀半ばの造営とは特定できていない。百歩譲って、箸墓が三世紀半ばの造営だとしても、卑弥呼と箸墓を結びつける証拠は、なにひとつ出てきていない。にもかかわらず、「箸墓は卑弥呼の墓であり、邪馬台国はヤマトで決まった」と豪語する考古学者の発言は勇み足であり、新聞ははしゃぎすぎなのだ。北部九州論者が「畿内論者は、箸墓造営の時期を無理矢理三世紀半ばに合わせようとしている」と批難する気持も、よく分かる。

畿内論者が安直に両者を結びつけようとしているのは、百年にわたる邪馬台国論争によって、北部九州論者との間に埋めようのない溝が生まれ、両者が自説に固執し、冷静でいられないからだ。

## 邪馬台国論争は信仰なのか

邪馬台国をめぐるあるシンポジウムで、高名な北部九州論者が、「邪馬台国が出雲《いずも》であったというのなら、それはそれで、我慢することはできる。けれども、絶対にヤマトであってはならんのです」と発言する姿を、筆者自身目撃している。笑っている場合ではない。困ったことに、邪馬台国論争は、もはや信仰の域に達しているのである。

ちなみに筆者は、邪馬台国は北部九州の福岡県みやま市周辺にあったと考えている。その昔、「山門県《やまとのあがた》」と呼ばれていた場所だ。

ヒントは、論争の端緒となった「魏志倭人伝《ぎしわじんでん》」に隠されている。朝鮮半島から邪馬台国までの行程のうち、北部九州沿岸地帯までは、明瞭《めいりよう》で正確だ。記事の古い地名と現代の市町村がほぼ合致する。ところがそこから先が、迷路に入り込んでしまう。「邪馬台国に行くには北部九州から船で十日。歩いて一月かかる」といい、しかもその方角は「南」だ、という。これでは、日本地図に収まらず、だからこそ論争が勃発《ぼつぱつ》したのだ。

ここで、妙なことに気づく。徒歩よりも船を利用した豊葦原《とよあしはら》（湿地帯だらけの意）の住民が、当時の外交の窓口であった北部九州から一月歩く場所に都を造るだろうか。ヤマトの地が三世紀に発展したのも、瀬戸内海の水上交通をおさえる要衝だったからだ。

ひょっとして、魏に伝えられた邪馬台国の所在地をめぐる情報は、途中からはデタラメなのではあるまいか。ヤマト建国直前の列島内で、生き残りを賭《か》けた小国同士の外交戦と情報戦が展開され、「山門」は魏にいち早く朝貢し、「われわれがヤマト（邪馬台国）」と偽証した……。そして、その後山門はヤマトに滅ぼされたのではないかと疑っているのである。

九州のとある町に講演に呼ばれ、この仮説を述べたことがある。青ざめた聴衆に、「考え方を改めてほしい」と懇願された（本当の話だ）。冗談じゃない。邪馬台国論者が宗旨替《しゅうしが》えなどするものか。

かくして「信仰の域」に達した論争は、なかなか決着しないのだ。

## 12 日本各地に残る「滅亡の危機」の痕跡

### 西日本に築かれた無数の山城

海に囲まれた日本だが、古代史の中で一度だけ、国家滅亡の危機が迫ったことがある。それが、白村江《はくすきのえ》の戦い（六六三）である。倭国は百済救援に失敗し、唐と新羅の大軍が押し寄せてくると、大騒ぎになったのだ。

よほど恐ろしかったのだろう。この時期、北部九州や瀬戸内海に無数の山城が構築され、来襲に備えている。しかも、どれもこれも、想像を絶する規模を誇っている。

そのひとつが、福岡県久留米市の高良山《こうらさん》だ。北部九州の防衛上の要で、豊臣秀吉ら戦国武将たちも重視した場所である。

山の中腹には高さ七〇×長さ八〇センチ（数字は平均値）の切石が一列になって並べられている。これを神籠石《こうごいし》といい、全長一五〇〇メートルだ。かつては山を一周し、その長さは二五〇〇メートルあった。これは、土塁を構築するための礎石《そせき》である。

対馬（長崎県対馬市）の金田城《かなたのき》は、入り組んだ浅茅湾《あそうわん》を見下ろす標高二七五メートルの城山《じょうやま》に築かれ、石垣が無数に設けられている。山頂付近の城門から海岸線にまで続いていたのではないかと思わせる長い石垣が今も残り、圧倒される。蟻《あり》のように並び必死に働く兵士たちの姿が、目に浮かぶようだ。近代にいたり、防衛上の重要性が再認識され、金田城の地には要塞《ようさい》と砲台が築かれている。

岡山県総社市の鬼城山《きのじょうざん》（標高三九七メートル）には「鬼ノ城」がある。総面積三〇ヘクタール、東京ドーム六・四個分の広さだ。また、高原状となった山の一周二八〇〇メートルを列石が囲み、高さ六メートルの版築土塁が築かれていた。要所には、城門、排水施設が整えられていたことも分かっていて、現在西側の城門などが復原されている。今でこそ内陸部に孤立するが、当時は温暖で海進があって、すぐ目の前まで瀬戸内海が迫っていた。海の要衝をおさえるために築かれていたわけである。

ちなみに、この鬼ノ城は、昔話「桃太郎」の舞台でもある。桃太郎のモデルとなった吉備津彦《きびつひこ》が、鬼ノ城を根城に暴れ回っていた鬼神・温羅《うら》を退治したというのが、吉備（岡山県）に伝わる話で、これが江戸時代、桃太郎に編み直された。

廃墟《はいきょ》となっていたであろう鬼ノ城は、鬼の住処《すみか》と考えられ、恐れられていたのだろう。想像をたくましくすれば、古代人の「恐怖体験」が語りつがれ、鬼伝説につながり、桃太郎説話に引き継がれていったのかもしれない（さらに余談ながら、吉備津彦の家来の犬飼健《いぬかいたける》が桃太郎説話では「キビ団子欲しさに加勢した犬」になるのだが、この犬飼健の末裔《まつえい》が、五・一五事件で殺された岡山県出身の宰相・犬養毅《いぬかいつよし》だと言われている)。

## 「世界の常識」を忘れていないか

当時、各地で慌《あわ》ただしくなされた古代人の営為を「取り越し苦労」と、侮《あなど》ることはできない。杞憂《きゆう》に終わったのは、唐と新羅の同盟関係が破綻《はたん》したからにすぎない。唐の半島支配に、新羅が反発したのだ。そこで唐は、倭国を味方に引き入れようと、使者を送ってきた。新羅の反骨精神のおかげで、倭国は九死に一生を得たのである。

さらに、ここで問題にしたいのは、それぞれの山城が、古代の日本列島にはなかった規模を誇っていたことである。

白村江の戦いよりも早く、中国に倣《なら》って都城が造営されたこともあるが(大阪市の前期難波宮)、なぜか「城壁」は備えていなかった。このこのち造営される平城京も平安京も、城としての機能ははたしていない。

ここに、防衛本能の欠如した民族性がよくあらわれているのだが、それは、日本が島国で、他民族の侵略を受けていなかったことと無関係ではない。

だからこそ、土塁が二キロ以上も続く山城の出現に、大きな意味が隠されているように思えてならない。そこには、戦闘員だけでなく、住民も逃げ込んだであろう。戦いに敗れれば、家族や一般人も根絶やしにされるという大陸の「常識」を知り、誰もが震え上がったにちがいない。山城の大きさは、恐怖心の裏返しであり、世界の常識をはじめて知った日本人の驚きの証《あかし》なのである。

近世までの日本は、「島国であることの恩恵」を受けて来た。「海」という城壁が、最大の武器だった。しかし、内燃機関の発明によって、事情は一変してしまった。戦後の日本が平和でいられたのは、米国の核の傘に守られていたことも大きな要因であることは、事実として認識しておいたほうが良い。

## 13　大伴家持「正月の歌」の読み方

### 大伴家持《おおとものやかもち》は酒浸りだった?

正月になると、つい思いだしてしまう万葉歌がある。

新《あら》しき　年の初めの　初春の　今日降る雪の　いやしけ吉事《よごと》

「初春の今日、この降る雪のように、良いことよ、いっぱい積もっておくれ……」と、大伴家持が詠《よ》んだ、正月らしいめでたい歌である。

ただこの歌、ちょっと奇妙なのだ。二十巻ある『万葉集』の最終巻の最後の歌だからである。なぜ『万葉集』の編者（大伴家持も編纂《へんさん》に加わっていた可能性がある）は、最後の最後に、正月の歌をもってくる必要があったのか、多くの万葉学者が首をひねる。

奇妙な万葉歌と言えば、家持の父・旅人《たびと》も、不思議な歌を残している。それは巻三

—三三八〜三五〇の十三首で、すべて酒を讃美する歌なのだ。たとえ酒が好きだとしても、ちょっと度を超している。アル中ではないかと思えるほど、酒浸りなのだ。たとえば次の二首は、高級官僚が詠んだ歌とは思えない。

賢《さか》しみと　物言ふよりは　酒飲みて　酔《え》ひ泣きするし　まさりたるらし
(賢そうに物を言うよりは、酒を飲んで酔い、泣いた方が勝《まさ》っている)

なかなかに　人とあらずは　酒壺《さかつぼ》に　なりにてしかも　酒に染《し》みなむ
(中途半端《はんぱ》に人間でいるよりも、いっそのこと酒壺になってしまいたい。酒に浸りたい)

さらに、「酔って泣いているのは悪くない」「今さえ楽しければ、来世は虫や鳥になっても良い」「酒を飲んで憂《う》さを晴らしてなにが悪い」とやけくそ気味な歌が並ぶのである。いったいこれはどうしたことであろう。

背景にあった「藤原氏」との暗闘

一連の歌は、旅人が大宰帥《だざいのそち》（大宰府の長官。現代風に言えば外務大臣）として九州に赴任していたときに作られたものだ。ここに、旅人の酒浸りにならざるをえない、苦悩が隠されていたようなのだ。

次の歌が、ヒントになる。

あな醜《みにく》　賢しらをすと　酒飲まぬ　人をよく見ば　猿にかも似る

大意は「ああ、醜いことだ。賢人ぶって酒を飲まぬ人は。よく見れば、猿に似ているよ」となる。この辛らつな批判は、いったい誰に向けられていたのだろう。それは、奈良の都に居座っていた「藤原氏」とする説があり、可能性はすこぶる高い。

大伴旅人は長屋王《ながやのおおきみ》を後押しし、「反藤原派」を形成していたが、朝堂独占を目論《もくろ》む藤原四兄弟（武智麻呂、房前《ふささき》、宇合《うまかい》、麻呂）は、切り崩し工作を始める。旅人の大宰帥就任は、藤原氏の陰謀ではあるまいか。旅人が都を離れた隙《すき》に、藤原氏は長屋王を抹殺してしまう。長屋王は濡《ぬ》れ衣《ぎぬ》を着せられ、一族とともに滅亡する。大伴旅人は、指をくわえてみているほかなかったのである。

無残な話だが、大伴旅人はこののち都の藤原氏に、命乞《いのちご》いの歌を送り、帰京を許される。(『万葉集』)一連の「酔っぱらいの歌」は、我が身の不幸をはかなむ、大伴旅人の自嘲《じちよう》だったのだろうか。

そこで、大伴家持の正月の歌を考えてみよう。

なぜ大伴家持は、「良いことがたくさんありますように」と祈り、『万葉集』の編者は、なぜ年初のめでたい歌を巻末にもってきたのだろう。

『万葉集』を「反藤原派の墓標」「告発の書」とみなすと、多くの謎《なぞ》が解けてくる。大伴家持は、聖武天皇の子で藤原の血を引かない安積《あさか》親王の擁立を画策していたようだ。しかし長屋王同様、親王は藤原氏の毒牙《どくが》にかかってしまう。

こののち大伴家持は奮い立つどころか萎縮《いしゆく》して、不穏な動きを見せる親族に向かって、「名門・大伴の名を絶やしてはならぬ」と自重を呼びかけた。しかし暴発を止めることはできなかった。そして大伴氏のみならず、反藤原派の人脈は、一網打尽にされてしまった。これが、橘奈良麻呂の変(七五七)であり、藤原氏の独裁体制が完成したのである。

大伴家持は難を逃れたが、孤立した。

あの正月の歌は、このような失意の中で詠まれたものだ。それをわざわざ巻末に配置したところに、『万葉集』編者の意図を汲《く》み取ることができよう。

惨憺《さんたん》たる政治状況に、大伴家持は絶望していたのであり、だからこそ、「良いことがたくさんありますように」と、子どものように願ったのだろう。

# 14　『古事記』は何のために書かれたのか

## 最大の謎は「序文」

わが国現存最古の歴史書『古事記』が編纂されたのは、和銅五年（七一二）のことだ。

『古事記』は日本人の心の故郷と礼讃《らいさん》され、聖典と崇《あが》められてきた。だが、冷静に考えると、これほど胡散臭《うさんくさ》い文書も珍しい。

そもそも『古事記』は、江戸時代に国学者たちに「再発見」されるまで、ほとんど見向きもされなかった。

また、もう一つの歴史書『日本書紀』が完成したのは、『古事記』編纂の八年後（七二〇）。藤原不比等が権力の頂点に君臨している間に、二冊の歴史書がしたためられたことになるが、同じ権力者が、二冊の異なる歴史書を必要とするだろうか。しかも奇妙なことに、『古事記』と『日本書紀』は、正反対の外交方針を打ち出している。朝鮮半島南部の新羅《しらぎ》と百済《くだら》という宿敵の双方を、二つの歴史書が、てんでんばらばらに贔屓《ひいき》している。たとえば、新羅にとって都合の悪い事件を『日本書紀』は記録し、『古事記』は無視している。また、新羅系の秦氏《はた》の奉祭する神を、『古事記』のみ、神統譜としてかかげている。

百済と新羅は、けっして相容《あいい》れぬ、仇敵《きゅうてき》であった。

白村江《はくすきのえ》の戦い（六六三）で、百済と倭国は、唐と新羅の連合軍の前に大敗を喫した。百済はここに滅亡し、日本列島は、唐と新羅の軍勢に危うく蹂躙《じゅうりん》されるところだった。

百済と倭国は、唐の虎の威を借りて勝利を収めた新羅を深く憎んだ。

『古事記』が編纂された八世紀前半の政権は、百済の亡命遺民を引き受け重用している。その後、朝廷は一方的に新羅遠征を企てるなど、当時の藤原政権は、明らかに「親百済」「反新羅」であった。

したがって、『日本書紀』が新羅を敵視し蔑視《べっし》したのは当然で、不自然なのは『古事記』の方だった。

『古事記』の謎は、「序文」にある。和銅五年に『古事記』が編纂されたと言い張っているのは『古事記』の序文だけで、困ったことに、これを裏付ける客観的な史料がない。他の正史は、この勅撰書の完成を無視しているのだ。これは腑《ふ》に落ちない。そのため、「『古事記』は平安時代に編纂されたのではないか」とする説まで飛び出している。

「元明天皇の勅命によって記された」という『古事記』序文の記述も怪しくなってくる。やはり、客観的に裏付ける史料が見あたらない。ならば、『古事記』は私的な文書だったのではあるまいか。

## 「反藤原」の恨み

『古事記』の構成も奇妙だ。

『古事記』は上中下三巻に分かれ、上巻が神話に充《あ》てられ、中巻は初代神武天皇から第十五代応神天皇まで、下巻が第十六代仁徳天皇から第三十三代推古《すいこ》天皇までを記録する。問題は下巻で、五世紀末以降の歴史が欠落している。歴代天皇の宮や陵墓、系譜のみ記され、具体的な説話が途切れる。『古事記』の歴史は、五世紀後半で終わっているのだ。当然、『古事記』には、聖徳太子の活躍は、記載されていない。『古事記』編者は、「もっとも愛憎の入り交じった時代」「激動の権力闘争」「流転する政局」を、書き漏らしてしまっているのだ。

ただし、『古事記』序文は、壬申の乱の様子を事細かく描写し、天武天皇を大いに

ている。

顕彰している。本文では割愛した「直近の歴史」を、序文では饒舌《じようぜつ》に語ろうとしている。沈黙と饒舌の使い分けに、何か深い意味が隠されているのだろうか。

天武天皇は壬申の乱で親百済派政権を打ち倒し、新羅との間に、束の間の蜜月《みつげつ》時代を構築した人物だ。そして天武天皇崩御ののち、外交政策はふたたび親百済に戻されている。

この間、天智《てんじ》系と天武系の天皇が交互に即位していくが、外交政策という一点に絞れば、[天智天皇（親百済派）→天武天皇（親新羅派）→持統天皇（親百済派）」となり、以後藤原氏が台頭すると、朝廷の親百済政策にぶれはなくなる。それはなぜかといえば、藤原氏の祖・中臣鎌足《なかとみのかまたり》が百済系だったためであり、また、藤原氏が天皇家を傀儡《かいらい》にして実権を握る体制が、このころ完成したからだろう。

おそらく『古事記』は、藤原氏に追われ、冷や飯を食わされた何者かが、手元に残された古い時代の言い伝え（『原古事記』）に手を加えて完成させた歴史書なのだろう。新羅を持ち上げ、序文を副《そ》えて天武天皇を讃《たた》えることによって、藤原政権に対するささやかな抵抗を試みたのだ。『古事記』は恨みに満ちた敗者の書なのではないか。

## 15　ヤマト建国の歴史が眠る「出雲」の謎

### 天皇と出雲国造は表と裏？

二〇一二年、上野の東京国立博物館で、「古事記一三〇〇年　出雲大社大遷宮　特別展『出雲―聖地の至宝―』」が開かれた。長年の考古学の成果が、一堂に会し好評を博した。

昭和五八年（一九八三）に荒神谷《こうじんだに》遺跡で大量の青銅器が発見されて以来、出雲（島根県東部）周辺から新史料の出土が相次いだ。しかも、どれもそれまでの常識を打ち破る発見ばかりだった。

結果、弥生《やよい》時代後期、出雲が急速に勃興していたことや、ヤマト建国に出雲が貢献していたことが明らかになった。神話のお伽話《とぎばなし》に過ぎないと無視されてきた出雲は、「確かにそこにあった」のだ。

またヤマト建国の直後、出雲は謎の衰退に向かい、まるで出雲の国譲り神話が事実であったかのような経過を辿《たど》っていることもはっきりとした。

しかし、だからといって、これらの新史料が、古代史像を塗り替えたかというと、実に心許《こころもと》ない。「出雲神話は絵空事」という、かつての常識が謎の解明の邪魔をし、ヤマト建国をめぐる謎解きは、邪馬台国論争が中心だから、出雲の入り込む隙間《すきま》がないのだ。また、「神話」が文学と民俗学の専門分野だったことも、障害になっている。学問の世界にも、学閥と縦割りの弊害が残されている。六世紀以前の歴史を、八世紀の朝廷が知っていたはずがないという史学者の「決めつけ」も、神話を見る目を曇らせている。

## 「表」と「裏」の関係

しかし出雲には、古代史解明のための数多くのヒントが埋もれている。出雲の謎のひとつに、先にもふれた「出雲国造《いずもこくそう》」がある。奈良時代の末に国造の職掌はなくなったはずなのに、出雲と紀伊の国造は存続し、その後出雲国造家だけが生きのびた。

なぜ出雲国造家は、今日まで生き残ったのだろう。出雲国造が謎めくのは、「天皇の裏」にみえることだ。

出雲国造の祖神・天穂日命《あまのほひのみこと》は、天照大神《あまてらすおおみかみ》の子で、天皇家の親族だったと神話に記される。天穂日命は工作員として出雲に送り込まれるが、出雲神に丸め込まれ、同化してしまった。天穂日命の末裔・出雲国造は出雲神を祀《まつ》ると同時に、出雲神そのものでもあるのだという。

神話の中で天皇の祖神は「正義、征服者」（＝表）、出雲神は「邪悪、被征服者」（＝裏）と正反対の立場にあるが、天皇と出雲国造も、対をなしている。

天皇は日嗣《ひつぎ》の神事を、出雲国造は火嗣《ひつぎ》の神事を行ない、それぞれが天照大神と天穂日命の祖神の霊を継承する。「日と火」に差はあるが、どちらも「霊《ヒ》」を継承するということなので、原理は同じだという。「日・表の天皇」「火・裏の出雲国造」となる。

宗像大社（福岡県宗像市）の伝承によれば、宗像三神は、出雲からやってきたという、また、宗像は「裏伊勢」だと主張する。表は三重県の伊勢神宮で、この関係は、「裏の出雲国造・表の天皇」と同じだ。

出雲神・大物主神《おおものぬしのかみ》を祀る大神《おおみわ》神社（奈良県桜井市）は、「伊勢と三輪（大神神社）は一体分身」だと言っている。伊勢・天照大神（表）に対する出雲神・大物主神（裏）が、ここにも見出せる。

神話の中で天照大神と素戔嗚神《すさのおのかみ》は皇祖神と出雲神に分かれ、神武天皇の場面で、ふたつの系譜は合流する。神武天皇はなぜか、出雲神の娘を正妃に選んでいるからだ。

このため、皇祖神と出雲神は、ただ単に、鏡に映した表と裏の関係に過ぎないとする指摘がある（上山春平『続・神々の体系』中公新書）。

おそらく、この指摘は、間違っていない。天皇家と出雲神は、ヤマト建国の前後、血縁関係を結んでいたか同族だったのだろう。身内であったのに、裏切り、裏切られ、怨《うら》み、祟《たた》られた、ということになる。

## 巨大神殿を建てた理由

平成一二年（二〇〇〇）、出雲大社の境内から、巨大木柱（宇豆柱《うづばしら》と心《しん》の御柱《みはしら》）が出現した。遺構は鎌倉時代の宝治《ほうじ》二年（一二四八）の社殿であることも分かった。柱の直径は一二五〜一四〇センチメートルで、杉の木柱三本を金輪で括《くく》って一本の柱にするという、想像を絶する太さだ。出雲国造家には、同じ形の柱を駆使した本殿の設計図が残されていたのだが、常識破りの図面ゆえ、だれにも相手にされなかった。しかし、現実に怪物のような柱が出現し、伝承の正しさが証明された。

現在の社殿は二四メートル（八丈）だが、柱の大きさから逆算すれば、中古は伝承どおり、倍の四八メートル（一六丈）あったのだろう。それにしても、なぜこれほど巨大な社殿を必要としたのだろうか。

『古事記』神話の中で出雲神・大己貴神《おおあなむちのかみ》は、国譲りの無理強いを受け入れる一方で、「大きな社を建てて祀ってくださるなら、おとなしく出雲の地に隠れていましょう」と述べている。これは王家に対する脅しだ。実在したヤマトの初代王・崇神天皇は、天変地異で人口が半減してしまったことを憂《うれ》え、占ってみると「出雲神の祟り」と知った。そこで、丁重に祀りあげたという。

出雲神は、祟る神と恐れられていたのだ。はっきりとした理由があって、心当たりがあったから、巨大神殿を建て、ヤマトで丁重に祀りあげたのだ。本気で恐れていたからこそ、今日まで、出雲神に対する信仰は守られ、出雲国造家は続いてきたのだろう。

出雲の謎を解き明かせば、ヤマト建国の歴史がみえてくる。日本人の根っこがみえてくるはずである。

# 16 なぜ百人一首には「駄歌」が多いのか

## 歌聖・藤原定家《ふじわらのていか》が編んだのに……

正月といえば、小倉百人一首（以下、百人一首）を思い浮かべる。かつてのように、一般の家庭で百人一首を楽しむ機会は減ったが、初春の風物詩として、競技カルタの様子が、テレビで流される。一見、雅《みやび》なイメージの百人一首だが、実は大きな謎《なぞ》を秘めている。

百人一首は、藤原定家による私撰和歌集で、文暦《ぶんりゃく》二年（一二三五）ごろ成立した。鎌倉幕府が勢いを得る一方で、朝廷の権威が凋落《ちょうらく》していく時期だ。

百人一首は、天智天皇から順徳院《じゅんとくいん》にいたる百人の歌を一首ずつ集めたものだ。蓮生《れんしょう》入道《にゅうどう》（宇都宮頼綱。もと鎌倉幕府の御家人）の依頼を受けた藤原定家が、のちに嵯《さ》峨《が》・小倉山《おぐらやま》の山荘（京都市右京区）の襖障子《ふすましょうじ》に色紙形を書いて並べたことからそう呼ばれる。カルタ遊びとなって普及したのは、江戸時代のことだ。

百人一首は「歌聖」と称《たた》えられた藤原定家が編んだのだから、すべて名歌と想像しがちだ。ところが、意外にも、歌集としての出来映えは、お世辞にもほめられたものではない。正岡子規《まさおかしき》も酷評したように、駄歌が多い。そのため、「本当に藤原定家が歌を選んだのか」と、長い間疑われてきた。ただし、昭和二六年（一九五一）に藤原定家の『百人秀歌』が発見され、百人一首によく似た内容だったため、疑惑は晴らされたのだった。

すると、「なぜ藤原定家は、駄歌を選んだのか」という新たな謎が生まれてくる。

エッセイストの織田正吉氏は『絢爛《けんらん》たる暗号　百人一首の謎を解く』（集英社文庫）の中で、小倉山荘に貼《は》り付けられた色紙の配列に意味が隠されている、と推理した。歌の組み合わせ（クロスワード）を再現することによって、藤原定家が本当に言いたかったことが読み取れるというのだ。

では、百人一首は何を目的に作られたのかというと、承久《じょうきゅう》の乱（一二二一）で敗れ隠岐《おき》に流された後鳥羽院を偲《しの》び、また祟りを鎮魂するためだったという。駄歌が多いのは、歌そのものの意味よりも、歌の組み合わせから生まれるメッセージを重視したからだ、と指摘したのである。

織田正吉氏の斬新《ざんしん》なアイディアは波紋を投げかけ、百人一首の研究でも知られる経済学者の林直道氏や推理作家の高田崇史《たかふみ》氏も、「色紙の配列」に独自の解釈を施している。それぞれ推理の過程と歌（色紙）の配列は異なるが、導き出された結論はほぼ同じだ。すなわち「百人一首は後鳥羽院の鎮魂のためにつくられた」というのだ。

## 後鳥羽院の「祟り」

百人一首に選ばれた歌い手の多くは、政争に敗れ零落した人物だ。これは偶然ではなく、後鳥羽院の悲劇を連想させるために選ばれたといい、最後に後鳥羽院と順徳院の親子の歌を掲げることで、ふたりの魂を鎮《しず》めた。百人一首の謎を解く鍵《かぎ》は、ここにある。

藤原定家が生きた時代は、権力が、藤原摂関家↓院（上皇、法皇）↓武士へと移動する時代だった。そして最後に、後鳥羽院が鎌倉幕府に抗《あらが》い、敗れた。これが、承久の乱だった。朝廷と鎌倉幕府の主導権争いに、ひとつの答が出された事件だ。そして後鳥羽院は、隠岐に流され憤死する。

問題は、乱のあと、藤原定家が出世してしまったことだ。

藤原定家は藤原北家の枝族・御子左《みこひだり》家の出身だ。歌道で注目された一族である。

この時代の貴族たちは、新興勢力の武士を軽蔑していた。しかし、武力に圧倒され、武家の台頭を指をくわえてみているほかはなかった。その一方で貴族たちは、「武士にできないものがある」と、歌の世界に心の拠《よ》り所を求め、優越感に浸っていた。藤原定家も、そのひとりである。

そもそも藤原定家の歌の才能を見出したのは後鳥羽院であった。しかし、プライドの高い藤原定家は、「歌」をめぐって後鳥羽院とぶつかり、出世も遅れに遅れた。また藤原定家は、「親幕派」の人脈とつながっていたから、承久の乱で後鳥羽院に与《くみ》せず、傍観者となった。

乱後も、院と距離を置いた。乱に連座して佐渡に流された後鳥羽院の子・順徳院は、定家を歌の師と仰ぎ、また定家の子・為家《ためいえ》を寵愛《ちょうあい》し、親密な間柄だった。当然周囲は、為家が配所に同行するものと信じていた。しかし藤原定家は拒否し、見送りもさせなかった。後鳥羽院は、裏切られたと思っただろう。

そして、後鳥羽院崩御の直後から、鎌倉幕府の要人があいついで死に、「天魔《てんま》蜂起《ほうき》」と噂《うわさ》された。祟りの恐怖が人々を襲ったのだ。

なぜ誰もが「後鳥羽院は祟っている」と信じたのかといえば、理由ははっきりとしている。院の命令に武士が逆らい、王家の権威は失墜したからだ。後鳥羽院は屈辱を味わい、政敵を呪《のろ》ったのである。

藤原定家は、祟りや怪奇現象に人一倍臆病《おくびょう》だったらしい。だから、もっとも得意な手段を駆使して、後鳥羽院の鎮魂に努めたのだろう。織田正吉氏らが指摘するように、その手段のひとつが、百人一首であった可能性は高い。武士を侮蔑しながらも鎌倉側に与したことで出世した藤原定家の、屈折した思いが隠されていたのだ。そしてなによりも、「天魔」と恐れられた後鳥羽院の祟りへの恐怖が、百人一首を作る動機となったのだろう。

# 17　仁徳天皇と公共事業

## 前方後円墳の実利的目的

巨大前方後円墳を間近で御覧になったことはあるだろうか。「山」にしか見えない。なぜこのような無駄に大きい造形物が無数に存在するのか、不思議に思えてくる。そして、苦役に耐えた古代人に、深く同情するのである。

しかし、「前方後円墳は、エジプトのピラミッドと同じように、公共事業だったのだ」とする説がある。

かつて、ピラミッド造営は強制労働で、奴隷《どれい》が泣く泣く作業に従事していたと信じられていた。ところが、実際には失業対策を行なっていたのではないかと、アメリカの経済学者・ケインズ（『雇用・利子および貨幣の一般理論』東洋経済新報社）などから指摘されたのだ。

ナイル川の氾濫《はんらん》する農閑期に国が仕事を与えたというわけだ。古代の石切場には、「王さま万歳！」「帰宅したら、たらふくパンを食べて、ビールを飲もう」といったいたずら書きが残されていた。工人たちに不満はなく、楽しい日常を過ごしていたことがわかる。エジプトの王は、知恵を絞って、人々の労働意欲を引き出していたようだ。

では、日本の前方後円墳はどうだろう。

前方後円墳の想像を絶する大きさから、つい大王（天皇）の強大な権力を想像してしまう。しかし実際には、前方後円墳は各地の埋葬文化を寄せ集めて造られた、ゆるやかな連合を象徴する信仰上のモニュメントであった。

そしてもうひとつ、実利的な目的があったようだ。たとえば、前方後円墳を囲む周《しゅう》濠《ごう》は、墳丘部分の盛土を得るために掘られたが、その一方で、「治水」のために使われた可能性が高い。

五世紀の超巨大古墳は、河内や和泉の地域に密集しているが、「河」や「泉」といった「水」と関わりのある地域に巨大古墳が造られたのは、偶然ではなさそうだ。弥生時代の河内や和泉一帯が、水害に悩まされた地域だったことは、発掘調査の結果明らかにされている。

大阪市の大部分は海や湖の底だった。大坂城のあった上町台地は南北に延びる細長い「半島」で、西側に海岸線が迫っていたし、東側は巨大な河内湖だった。そして、海に出る部分が極端に狭かったために、河内湖周辺で水害が相次いだわけだ。

大阪の巨大古墳群は、河内湖に注ぎ込む河川の周辺に築かれている。その中の古市《ふるいち》古墳群（羽曳野《はびきの》市・藤井寺《ふじいでら》市）では、幅二〇～三〇メートルの「古市の大溝」の痕跡《こんせき》が見つかっている。古墳の周濠をつなぎ、河内湖の方角に延びる水路だ。前方後円墳は、灌漑《かんがい》や防災にも役立てられていたのである。

古代人の知恵と技術力に、脱帽するばかりだ。

## 課役免除と公共事業

ところで、最大の前方後円墳は大仙《だいせん》古墳（大阪府堺市）で、宮内庁は第十六代仁徳天皇の陵に比定している。この天皇は、民が活気を失ったとき、すかさず手を打ち、新たな事業を展開した。仁徳朝は、古代版危機突破政権だったようだ。

あるとき仁徳天皇は、高台に登って遠くを見やった。すると、炊飯の煙がまばらだった。五穀が実らず、民が困窮していることを知ったという有名な話がある。『日本書紀』によると、仁徳天皇はすぐに対策を練り、三年間、課役を免除した。自らも節約を心がけ、服は破けるまで着続け、腐って酸《す》っぱくならなければ、日にちが経《た》った食べ物も食べられた。おごらず、無欲を貫かれた。宮が朽ちようとも修理せず、雨漏で夜具は濡《ぬ》れ、星の光も宮の中からのぞくことができた。すると三年後、五穀も実り、人々は豊かになった。称賛の声が上がり、炊飯の煙も立ち上るようになったのである。

また、仁徳天皇は公共事業も積極的に手がけた。仁徳天皇の高津宮は大坂城の南側に位置していたが（大阪市中央区）、一帯の治水事業を手がけた。

「この国をみると野や沢ばかりで田畑が少ない。川の流れが悪く、下流域で滞り、水害が多い。だから、土地を掘って、水を海に流そう」

こうして、宮の北側が掘削され、堀江が造られた。長細い半島に、水の出口をこしらえたのだ。治水だけが目的ではなく、運河や津（港）としても利用されたようだ。現代人顔負けの巨大土木工事である。これが現在の天満川（大川）で、江戸時代、大坂城の堀としても使われた。六世紀に物部氏が仏像を流してしまった難波の堀江でもある。

さらに、北側の川の氾濫を防ぐために、茨田堤《まむたのつつみ》を築いたという。

仁徳天皇は「景気浮揚政策」実施の成果が出た頃、皇后に向かって、「私は裕福になった」と述べられた。皇后が「宮が朽ち果てているのに……」と首をかしげられると、すかさず天皇は、「民が貧しければ、私も貧しいのだ。民が豊かになれば、私も豊かなのだ」と述べられたという。

# 18　天皇陵発掘を「五十年」待つべき理由

## 天皇陵発掘の歴史

二〇一三年二月二〇日、奈良県桜井市の箸墓《はしはか》古墳と天理市の西殿塚《にしとのづか》古墳で、立ち入り調査が行なわれた。邪馬台国の卑弥呼と台与《とよ》の墓ではないかと疑われている前方後円墳である。

宮内庁が管理していて原則非公開だが、学会の要望によって、許可が出された。ただし、墳丘の下段を歩いてまわるだけで石室には入れなかったから、大きな成果はあがらなかった。

それにしても、なぜ宮内庁は、陵墓を公開しないのだろう。かたくなな態度に、理由はあるのだろうか。

じつは戦後間もなくの時期、発掘のチャンスはあった。昭和二四年（一九四九）三月三一日、英字紙『ニッポンタイムス』は、ライシャワー博士と高松宮が天皇陵発掘について意見交換したことを伝え、いずれ発掘されるだろうと報じている。四月二七日には読売新聞が、国際的援助を受けて、仁徳陵を発掘すると書き、天皇陵発掘の気運はにわかに高まった。

ところがここで、考古学者の側が尻込《しりご》みし、反対したのだ。皇国史観（正統史観）を唱え続けてきた戦前・戦中の学界の因習と伝統が、まだ生々しく残っていたということだろうか。ちなみに、戦争中、唯一《ゆいいつ》皇国史観に楯突《たて》いた津田左右吉《つだそうきち》は不敬罪に問われ、裁判となった（ただし、免訴）。『神社新報』は五月九日に、読売新聞を批判する記事を載せた。「陵墓の神聖」「暴論」「異常な憤激を呼ぶ」などと過激な言葉を並べている。

結局、宮内庁は八月三〇日、大仙古墳（仁徳天皇陵）と誉田山《こんだやま》古墳（応神天皇陵）への立ち入りを許可したものの、発掘は許さなかった。あいまいな解決策によって、天皇陵発掘問題は封印されてしまったのだ。

ただしこののち、「天皇陵を発掘したい」という考古学者の声は、次第に高まっていく。

天皇陵は、幕末から明治初期に比定された。問題は、宮内庁の指定が正しいと証明できる天皇陵はたったのふたつだけで、あとは学問的には不明なことだ。本当に天皇が眠っているかどうかさえ、疑わしい。それにもかかわらず、なぜ宮内庁は陵墓の発掘を拒否しているのだろう。

宮内庁の側は、「学問的には証明できなくとも、天皇陵指定後百年たっているから、天皇の魂は、そこへ移ってきている」と弁明する。陵墓は信仰の場として尊重されるべきだと主張しているのだ。しかしもうひとつ、大きな理由が隠されているように思えてならない。戦後史学界をリードしてきた、「進歩史観」に対する警戒感だ。

戦後、江上波夫《えがみなみお》が唱えた騎馬民族日本征服説の波紋は大きかった。史学界は、神功《じんぐう》皇后《こうごう》の新羅征討まで持ち出して日韓併合を正当化してきた戦前の考えを反省し、新しい歴史観が生まれることを渇望していたのだ。また、天孫降臨神話のウソを暴《あば》きたかった進歩史観の人々は、江上波夫の着想に、喝采《かっさい》を送ったのだった。

そしていつしか、学問的立場から天皇陵を発掘したいとする考古学者と、天皇の存在そのものを否定したいがために、天皇陵を暴きたいと考える二つの流れが生まれたように思う。

## 冷静な判断ができない

たとえば『天皇陵を発掘せよ』（三一書房）の中で、藤田友治は宮内庁の「旧来の陋習《ろうしゅう》」が邪魔になっているといい、「市民の立場で（中略）歪曲《わいきょく》された歴史観を排除しよう」と主張、その上で、宮内庁が「天皇制イデオロギー」にいまだに縛られていると糾弾している。天皇の歴史に批判的であることは明らかだ。また同書の中で石部正志は「身内の墓だけに贅《ぜい》を尽くさせた支配者たちの人格の貧しさを哀れまずにはいられません」と述べている。これは冷静な意見ではない。

責められれば意固地になるのが人の情というものだ。これでは宮内庁が軟化するわけもない。

さらに、宮内庁を怒らせたこんな事件も起きている。

奈良県最大の前方後円墳で、欽明天皇の陵墓ではないかと疑われている見瀬丸山《みせまるやま》古墳の石室内部の写真が一九九一年にテレビ朝日の「ニュースステーション」でスクープされた。奈良県橿原《かしはら》市の会社員が、情報をもたらしたのだ。子どもが探検ごっこで「変な穴」に迷い込み、「奥に人の顔」がみえたというので、危険な場所ではないかと心配になった会社員は、子どもと一緒に入ったのだ。「変な顔でも出てきたら撮《と》ってやろう」と思い、コンパクトカメラを持参したという。

写真は詳細に分析され、石室内部の寸法も明らかにされた。考古学者は喜び、宮内庁は、憤慨した（『歴史読本』一九九二年六月号）。

当時、事情通の間では、会社員の行動が確信犯的だと囁《ささや》かれたものだ。穴に入った動機が不自然なこと、それよりもなによりも会社員が「フィルムがなくなるまで」「腰にかまえてシャッターを切った」と証言していたからだ。石室の寸法が解明できたのは、「腰の高さ（会社員の場合地面から九二センチだった）」を基準に、同じ高さに同じ型のカメラを三脚で固定して実験が行なわれデータ処理された結果であり、素人《しろうと》にしては手際《てぎわ》が良すぎると噂された。知恵を授けた黒幕がいたとしても、おかしくはない。これでは宮内庁もヘソを曲げるわけだ。

宮内庁のかたくなな態度も問題だが、マスコミも史学界も、姑息《こそく》な手段は控えるべきなのだ。

筆者は、全く別の視点から、天皇陵発掘は、あと五十年待つべきだと思っている。邪馬台国論争でも、畿内論者と北部九州論者が深い亀裂《きれつ》を産み、感情的になって、冷静な判断が出来なくなっている。科学的なデータを色眼鏡をかけて解析し、自説に有利な結論を導き出そうとしている。これでは、ヤマト建国、天皇家の成り立ちを、冷静に判断することはできない。

天皇陵問題こそ、「棚上げ」して、後世の知恵で解決するべきではあるまいか。

## 19 「富士山」はなぜ『日本書紀』に無視されたのか

### 最古の登山者は「役小角《えんのおづぬ》」

富士山は、ユネスコの世界遺産（富士山―信仰の対象と芸術の源泉―）に登録されている。

自然遺産ではなく文化遺産としての登録とは、うまい手を考えたものだ。たしかに、日本人にとって富士山は特別な存在だった。古い時代から、愛されてきたし、大自然を神と崇《あが》める多神教的な発想の象徴的な存在が富士山だった。

富士山が現在のような形状になったのは縄文時代のことで、縄文人は、畏敬《いけい》の念を抱いて見上げていたようだ。富士山本宮浅間大社《ふじさんほんぐうせんげんたいしや》のある静岡県富士宮市の台地に、縄文中期の環状列石が見つかっていて（千居《せんご》遺跡）、中央部に富士山をかたどった石が祀《まつ》られている。他にも、山梨県都留《つる》市の牛石《うしいし》遺跡など、富士山周辺には複数の縄文遺跡が存在し、富士山を意識していたことが、遺物から読み取れる。

記録に残っている最古の富士登山者は、山岳を霊地として崇拝する修験道《しゅげんどう》の開祖・役小角《えんのぎょうじゃ》（役行者）だ。ヤマトの葛城《かつらぎ》で活躍していたが、文武三年（六九九）に讒訴《ざんそ》（偽りの訴え）を受けて捕らえられ、伊豆に流された（『続日本紀』）。

役小角は配所でおとなしくしていたわけではなく、夜な夜な、富士山に出向いては修行をしたという（『日本霊異記《にほんりょういき》』）。富士山信仰が、修験者の手で支えられていったことから、このような伝説が生まれたのだろう。

古代人が富士山を愛していたさまは、『万葉集』からもうかがい知ることができる。たとえば山部赤人《やまべのあかひと》は富士山を指して、「天と地が分かれたときから神々《こうごう》しい」「霊妙な神の山」「大和の国の鎮めとしてまします神」「国の宝」と礼讃している。

平安時代の『竹取物語』にも、富士山は登場する。月の都に帰ってしまったかぐや姫は、不老不死の薬を置いていくが、帝《みかど》は「かぐや姫のいないこの世で、不老不死の薬など何の意味があろう」といい、「天にもっとも近い山」で、燃やさせてしまったという。これが富士山だった。やはり富士山は、古代人にとって特別な山だったのである。

ところが、富士山が無視され、文書から抹殺されていた時期がある。西暦七二〇年に編纂《へんさん》された正史『日本書紀』に、富士山が一度も描かれていないのだ。『古事記』

にも、登場しないのは、不審きわまりない。

ヤマトタケル伝説にも、富士山が描かれていない。「焼津《やいづ》」の地名がヤマトタケルと密接にかかわっていることは、誰もが知っている。しかし、説話の中でヤマトタケルは焼津から富士山を仰ぎみていないし、拝んでもいない。伊吹山《いぶきさん》の神の記述はあるが、富士山の神は、無視されたままだ。

## 蝦夷《えみし》征討の隠された目的

なぜ『日本書紀』に、富士山が登場しないのだろう。知らなかったはずはない。天照大神を祀る伊勢の海岸からも、遠望できるのだ。

富士山は八世紀の政権に抹殺されたのではないかとする説もある。富士山は蝦夷の山だから『日本書紀』に無視されたというのだ。ではなぜ、それ以降の記録に、富士山礼讃記事が増えるのかといえば、征服後、蝦夷たちを懐柔する必要があったため、というのである（宗左近『日本美 縄文の系譜』新潮選書）。

しかしすでに四世紀、ヤマトの前方後円墳は東北地方南部まで伝播《でんぱ》し、「ゆるやかな連合体」が形成されていたのだから、「富士山は蝦夷の山」という発想には無理がある。

その一方で、『日本書紀』を記した八世紀の朝廷が、なぜか不破関《ふわのせき》（岐阜県不破郡関ケ原町）の東側を敵視し、警戒し、無視していたことも事実なのだ。この時代の朝廷は、都で不穏な動きがあると、必ず不破関など東に向かう道を封鎖した（三関固守《さんげんこしゅ》）。西側に対してこのような処置が執られたことはなく、東国だけを警戒していたことがわかる。ここに、東国と富士山をめぐる大きな謎が隠されている。

『日本書紀』編纂時の権力者藤原氏は、蘇我氏ら旧豪族を蹴落《けお》としてのし上がった。しかも藤原氏の政敵の多くは、東国と深くつながり、後押しを受けていた。特に蘇我氏は、東国の軍団とつながっていた。だから藤原氏と東国との間には、埋めようのない深い溝が横たわっていたはずなのだ。

東北蝦夷征討は藤原政権下で始まったが、それはなぜかといえば、東国の軍事力を東北に振り向けることで、反藤原派の力を削《そ》ぐためだったのだろう。これが、蝦夷征討の隠された目的と思われる。

『日本書紀』は、蘇我氏を大悪人に仕立て上げることに成功した。そして、蘇我氏を後押ししていた東国のイメージダウンも狙《ねら》ったのだ。だからこそ、東国人が愛してやまない富士山を、抹殺してしまったのだろう。東国人にとって、富士山は心の拠り所であり、畏敬の念を抱き続けてきた山だからだ。日本を代表する霊山が東国にあることを、『日本書紀』は記録できず、秘匿《ひとく》してしまったのだ。

万葉歌人も「神世の昔から神々しかった」と礼讃《らいさん》した富士山は、こうして歴史から抹殺された。富士山を書けなかったことからして、逆に、『日本書紀』が異常な歴史書であったことが明らかになる。

富士山は、意外な形で歴史の証言者になってくれたわけである。

# 20 「魔鏡」は何に使われたのか

## 「モノ」を利用した統治

「魔鏡発見!!」と、久しぶりに考古学の元気なニュースが飛び込んできた。

三世紀後半から四世紀の東之宮古墳（愛知県犬山市）出土の三角縁神獣鏡《さんかくぶちしんじゅうきょう》のレプリカを3Dプリンターで作り、日を当てる実験をしたところ、鏡の裏面を映し出す魔鏡だったことがわかったと、京都国立博物館が二〇一四年一月二九日に発表した。

しかし残念なことに、厳密に言うと、これは魔鏡ではない。鏡の裏に紋様を施した銅鏡なら、ほとんどの鏡で同じ現象をみることは可能だからだ。薄くなるまで磨き込めば、鏡胎の厚さの差から目に見えないくぼみが生まれ、光が収斂《しゅうれん》し、鏡背面の紋様が映し出される。本物の魔鏡は、仏像やマリア像、十字架など、背面とは異なる紋様が浮かび上がるものなのだ。だから、発表は少しはしゃぎすぎではなかろうか。

ここで見誤ってはいけないのは、この発見の本当の意味である。

三角縁神獣鏡が映し出した映像は、原理を知らない古代の人びとを驚かせたにちがいない。そして、その様子をみてほくそ笑んでいたのが、為政者たちであった。

三角縁神獣鏡はヤマト建国直後、畿内から各地の首長に配られた威信財で、「ヤマト連合に加わると、こんないいことがあるよ」と誘ったオマケのようなものだ。それでも、地方の首長にとっては、これが魅力だったのだろう。ヤマトが築きあげた新たな信仰形態を導入し、次々と繰り出される「人びとを驚かすトリック」を求めたにちがいないのである。

そもそも日本人は、昔から新しい物好きだったようだ。そして、「物」に執着する民族性は、遺伝子に組み込まれていた。「物」に神や精霊が宿ると信じたわれわれの御先祖様たちは、神と同意語の鬼を「モノ」と呼んでいる。「物の怪《もののけ》」の「物」である。

弥生時代に青銅器が流入し、日本列島の人びとは、これを祭器に用いはじめた。たとえば銅鐸《どうたく》は、はじめ鳴らして使う小さな実用品の鈴だったが、次第に大きくなり、最後は動かすことのできない化け物銅鐸が出現した。これは、日本独自の発展だった。為政者は、青銅器や鏡を、権威づけに最大限活用したようだ。

魏の王は倭国の卑弥呼に対し、銅鏡百枚を授けた。「その賜り物を、国の人たちに見せ、魏の皇帝が汝《なんじ》（卑弥呼）を慈《いつく》しんで、よい物を賜ったと、知らせよ」と「魏志倭人伝」は記録する。

ヤマトの王は大陸や半島から先進の文物を独占的に入手し、それを地方に配ることによって、権威を維持したのである。

## 「演出」が失敗すれば……

道具に過ぎない青銅器に神は宿ると、日本人は信じた。だから、日を受けて背面の模様を映し出す三角縁神獣鏡は、大切な宝器となったのだろうし、民を支配するための演出に使われたのだろう。為政者はあらゆる手段を駆使して、人心を掌握しようと試みたようだ。

「魏志倭人伝」に、卑弥呼は「鬼道《きどう》に事《つか》え、能《よ》く衆を惑わす」とある。夫はなく弟が卑弥呼を助け、国を治めた。王になってから、姿を見た者は稀《まれ》で、婢《めやつこ》千人を侍《はべ》らせ、ただ男子一人、飲食を給仕し、取り次ぎ役を任されていた……。

霊的な能力に優れ（ているとみなが信じ）、神託を得て、民を束ねていた卑弥呼。しかも、なかなか人前に姿を現さないという。この「演出」によって、卑弥呼の権威は高まっていったのだろう。古代の政治運営を「まつりごと」というように、「祭政一致」の手法は、このような周到なカラクリによって維持されていたのである。

そして、演出に失敗し神託を誤って伝えれば、残酷な結末が用意されていた。「魏志倭人伝」には、次の記事が残される。中国にやってくる倭国の船に、ひとりの特別な男（持衰《じさい》）が乗っていたという話だ。髪をとかさず、服も洗わず、肉を与えず、女を近づけない。旅が無事に終われば、褒美を与える。けれども病人が出たり暴風雨に見舞われたら、持衰が不謹慎だったということで殺すという。つまり、人身御供《ひとみごくう》にされたのだ。卑弥呼も王殺しの憂《う》き目に遭ったのではないかとする説がある。

為政者にとって宗教は、両刃《もろは》の剣だったのだ。だから、いかに「わかりやすく」「目に見える形」で、神を人びとに示すことができるか、これが為政者にとって、最大の関心事になっていったのである。

奈良時代の聖武天皇は、天変地異や飢餓が相次ぐと、何度も「すべて朕《ちん》の不徳の致すところ」と公《おおやけ》の場で謝り、悔やみ、神と仏に祈った。そして、「みなの力をあわせて盧舎那仏《るしゃなぶつ》を造立《ぞうりゅう》しよう」と呼びかけ、造仏に誰もが参加でき、仏の加護を誰もが享受《きょうじゅ》できるシステムを構築した。これが、東大寺であった。

社会、集団を統率するための宗教は、時代を経るにしたがい、演出が過剰になっていった。伊勢神宮も例外ではない。式年遷宮でくり広げられたもったいぶった儀礼の数々は、為政者の演出であって、日本人の原始的で純粋な信仰とは、かけ離れてしまっている。

魔鏡の話は、為政者と宗教の関係の問題へとつながるのである。

# 第3章　古代氏族と政争

# 21　古代版政権交代　大化改新の実相とは

## 分かりやすい正義の危うさ

分かりやすい正義ほど、危なっかしいものはない。〝古代版行政改革〟として名高い大化改新も、人々を幸せにしたかというと、実に心許《こころもと》ない。

大化改新は、「正義の政権交代」だったことになっている。『日本書紀』によれば、「悪」の蘇我《そが》氏を英雄・中大兄皇子（のちの天智天皇）や中臣（藤原）鎌足が成敗し、大改革が行なわれたという。守旧派の蘇我氏を追いやることによって、ようやく改革事業に手がつけられたと、誰もが小学校の社会科の授業で習ったはずだ。だが、その裏側を覗《のぞ》いてみると、この常識は相当に怪しい。

『日本書紀』によれば、改新政府は明文法（律令）を整備し、土地改革を断行した。それまで豪族たちが私有してきた土地と民を国家が吸い上げ、戸籍を造り、耕地を民に公平に分配するという新しいシステムが導入されたのだという。

もちろん、裸同然になる豪族たちには、相応の官位と役職、俸禄《ほうろく》が与えられるのだが、広大な領地を世襲してきた豪族たちは、抵抗したにちがいない。そして、その代表者が蘇我氏だった、ということになる。いわば、蘇我氏は守旧派の巨魁《きょかい》である。

だが、ことはそう単純ではない。たとえば、蘇我入鹿《いるか》殺しに奔走した中大兄皇子と中臣鎌足は、いざ新政府が樹立されると、活躍らしい活躍をしていない。それどころか中大兄皇子は、改革事業の邪魔をしている。政変後に即位し大化改新を推し進めた孝徳天皇は、新たに難波宮《なにわのみや》を造営したが、中大兄皇子は「都を遷《うつ》しましょう」と主張し拒否されると、役人を引き連れ、孝徳天皇ひとりを難波に残し、飛鳥《あすか》に戻ってしまった。そして、実権を握った皇子は、民衆が反発する中、無謀な海外遠征に猪突《ちょとつ》した。これが白村江《はくすきのえ》の戦い（六六三）で、日本は危うく滅亡するところだった。

さらに皇子は、禁止されたはずの私有民を復活させ、時代の流れに逆行している。いったい中大兄皇子は何を目指していたのだろう。

一方、最近の研究では、蘇我氏の業績を見直す気運が高まりつつある。「蘇我氏は、これまで信じられてきたような守旧派ではなかった」というのだ。それどころか、中央集権国家造りに邁進《まいしん》していた可能性が強くなってきた。

蘇我氏が改革派だったのなら、「蘇我殺し」の目的が再考されなければならない。蘇我いじめこそ、改革潰《つぶ》しだったという見方も出てくる。あるいは、単なる主導権争いだったのか……。

## 忘れられた疑念

そこで注目されるのが、『日本書紀』の書かれた時期だ。「蘇我は極悪人」と決めつけた『日本書紀』は、藤原不比等《ふひと》が朝堂のトップに立ったころに書かれたもの。権力者・不比等が、藤原氏千年の基礎を築いた父親・中臣鎌足の行動を美化し正当化するために、蘇我潰しの真相を、闇《やみ》に葬《ほうむ》った疑いも残る。

律令制度の「その後」を見れば、疑念はさらに深まる。

実を言うと、律令制度は中臣鎌足の末裔《まつえい》の藤原氏の手で完備されていくのだが、次第に矛盾を露呈し、制度の不備を悪用した藤原氏が広大な領地を獲得していくという奇妙な現象が出来《しゅったい》する。歴史の教科書に登場する「荘園《しょうえん》」とは、ようするに、藤原氏を中心とする貴族の私有地のことだ。

ここに、「民に公平に土地を分配する」という律令の理念は忘れ去られた。「錐《きり》を差しはさむ余地もないほどの土地が藤原の私物になってしまった」という批難の声も上がっていた。国家財政も藤原氏の私財からまかなわれるほどになった。

何のことはない。一度は人々にあまねく与えられた土地は、中臣鎌足の末裔の私有物になって終わったのだ。〝大きく化けた改新〟とはよくいったもので、この「正義の戦い」には、われわれの知らないカラクリが隠されているように思えてならない。

いずれにせよ、いつの時代でも政権交代によって「臆面《おくめん》もなく正義」を掲げる勝者には、用心したほうがいい。

## 22 「黄金の都」平泉の戦略的重要性

### 「藤原姓」は方便

世界遺産中尊寺（岩手県西磐井郡《にしいわい》平泉町）は法隆寺や東大寺と同レベルの至宝であるにもかかわらず、「京の亜流」と考えている人が多い。藤原清衡《きよひら》（一〇五六～一一二八）は都から工人や仏師を呼び寄せ、黄金をふんだんに使い、贅《ぜい》をこらして金色堂を建立《こんりゅう》しているため、成金趣味のイメージも、どこかにある。

だが、どれもこれも誤解なのだ。中尊寺の美しさは、飛び抜けている。同時代の京の仏教美術を凌駕《りょうが》している。なぜ、「京の真似《まね》」であった中尊寺が美しいのかについて『芸術新潮』二〇一一年一〇月号（「奥州平泉とみちのくの仏たち」）の中で触れた。

要は、驕《おご》り高ぶった平安貴族の態度に辟易《へきえき》していた京都の仏師や工人たちが、奥州の藤原氏の「真摯《しんし》な信仰」に心打たれたからだろう。ただし、それよりも、今回注目しておきたいのは、中尊寺の戦略上の意味と、奥州藤原氏の夢についてである。

中尊寺のすぐ北側を東西に小川が流れている。これが衣川《ころもがわ》で、俘囚《ふしゅう》（朝廷に恭順した蝦夷《えみし》）や蝦夷は、この川から南側に立ち入ることを許されなかった。つまり、中尊寺はかつての朝廷の支配地に建立されたことになる。

衣川の北側に衣川柵《さく》があって、ここに俘囚を束ねる安倍氏が拠点を置き、俘囚や蝦夷を支配していた。安倍氏自身も、俘囚の一人だ。

ところが、前九年の役（一〇五六～六二）で安倍氏は朝廷に反旗を翻《ひるがえ》し、朝廷軍を蹴散《けち》らしてしまった。ただし、裏切りに遭い滅亡してしまう。その後、紆余曲折《うよきょくせつ》を経て、柵からぼた餅《もち》の形で藤原清衡が東北の支配者となり、平泉に拠点を構えたのだった。

藤原清衡の母は安倍氏だ。清衡は蝦夷の母を持ち、蝦夷の地で育てられた。藤原清衡は、名こそ「藤原」だが、正体は蝦夷である。

藤原清衡は「東夷《とうい》の遠酋《おんしゅう》」と自称し、蝦夷として賽《さい》を投げ、ルビコン川＝衣川を渡っている。平泉から朝廷勢力を駆逐し、衣川の南側に蝦夷の王国を建てたのだった。「藤原姓」を名乗ったのは、朝廷との交渉に有利だったからで、方便にすぎない。だから都の貴族たちは、奥州藤原氏を「夷狄《いてき》」「匈奴《きょうど》」と罵倒《ばとう》し蔑視《べっし》した。

平泉は、俘囚や蝦夷を束ねる奥州藤原氏が築きあげた黄金浄土だった。ただし、中尊寺や毛越寺《もうつうじ》が建てられた平泉の地は、戦略上大きな意味をもっていた。オセロゲームの一手が、白黒を一気に反転させてしまうような場所と言っていい。朝廷と蝦夷のどちらが平泉を奪うかで、東北の勢力図は一変したのである。

朝廷の東北支配の拠点・多賀城から平泉を攻めるとなると、困難を極めた。平泉の南側には、細長い高台が、襞《ひだ》のように幾重にも連なっている。蝦夷が地形を利用して得意なゲリラ戦を展開すれば、南側から攻める朝廷軍は、手も足も出なくなる。ここは天然の要害だったのだ。だからこそ朝廷は、どこにでもある小川にすぎない衣川を、「渡ってはいけないルビコン川」にして、平泉を蝦夷に奪われない仕掛けを造っていたのである。

衣河関は衣川柵にほど近い衣川の南の縁《へり》に築かれていたが、川にせり出す断崖《だんがい》から、北側の蝦夷の情勢を見張るような地形になっている。中尊寺の鎮座する関山は、ちょうどこの衣河関を蝦夷に奪われた際逃げ込む山城のような役目を負っていたはずである。

## 城塞《じょうさい》ではなく聖地に

このような地の利を見るにつけ、藤原清衡の意外な行動に、驚かざるを得ない。というのも、蝦夷の悲願だった平泉奪還ののち、清衡は一帯を黄金浄土の聖地に変えてしまったからだ。朝廷の執拗《しつよう》な侵略行為に泣かされ続けた蝦夷の長・清衡は、なぜ平泉を城塞化しなかったのだろう。

もちろん、南側に複雑な地形を擁し、ここを固めれば容易に朝廷は手出しができないことはわかっていた。しかし、長年朝廷は「夷をもって夷を制す」という手口をもって東北を支配してきた。蝦夷たちが「身内の裏切り、近親憎悪《ぞうお》によって自滅した」ことを目《ま》の当たりにしてきた藤原清衡は、信仰の力で、東北をひとつにまとめようとしたのではないだろうか。

藤原清衡は東北の各地に、一町ごとに笠卒塔婆《かさそとば》を建て、中尊寺に至る道標とし、人々を導き、貧しい者にも黄金浄土を開放した。まさに、この時代の東北地方は、理想郷、桃源郷であった。

奥州藤原氏は、「金」「鉄」「馬」という豊富な資源を活用し、東北の地に百年の平和と繁栄をもたらした。しかし、豊かだったからこそ、源頼朝《みなもとのよりとも》の領土欲をかき立ててしまったのである。

幸いにも、中尊寺金色堂は生き残ったが、この世に理想の世界を構築しようとした奥州藤原氏の夢は、源頼朝の欲望の前に潰《つい》え去ったのである。

# 23 古来、人はどう裁かれてきたか

## 熱湯に手を入れる「盟神探湯《くかたち》」

法と裁判をめぐっては、有史以来、数々のドラマが生まれてきた。

たとえば、古代における盟神探湯。容疑者に誓約をさせた上で、煮えたぎった釜《かま》に手を入れさせる。火傷《やけど》をすれば有罪、無事なら無罪となる。つまりは、神が判断を下すという、神明裁判である。

盟神探湯は、『日本書紀』に三回記録されている。

最初の事例は、応神九年夏四月（西暦に直すことはできない。応神天皇が実在していれば、五世紀前半の人物ではないかと考えられている）の条で、武内宿禰《たけのうちのすくね》受難の物語だ。ちなみに、武内宿禰は景行《けいこう》・成務《せいむ》・仲哀・応神・仁徳《にんとく》の五代の天皇に仕えた忠臣で、『古事記』はこの人物を蘇我氏の祖と記録する。

応神天皇は武内宿禰を筑紫（九州）に派遣して、民を監察させた。すると弟の甘美内宿禰《うましうちのすくね》が武内宿禰を排そうと考え、天皇に讒言《ざんげん》（偽りの報告）を行なった。「武内宿禰には天下を狙《ねら》う野心があります。筑紫で密《ひそ》かに謀《はか》り、筑紫の地を独立させ、三韓《さんかん》(朝鮮半島南部の国々)と手を結び、天下を取ろうとしているのです」

そこで天皇は使者を遣わして武内宿禰を誅殺《ちゅうさつ》しようとするが、武内宿禰は難を逃れて都に戻り、無実を訴えた。天皇は、武内宿禰と甘美内宿禰双方の主張を聞いたが、言い争いになって是非を決めることはできなかった。天皇は勅《みことのり》し、天神地祇《てんじんちぎ》に祈り、盟神探湯をさせた。磯城川《しきのかわ》のほとりで行なわれた盟神探湯の結果、武内宿禰が勝ち、甘美内宿禰を殺そうとしたが、天皇が制したという。

允恭《いんぎょう》天皇四年秋九月(五世紀中頃か)の記事も興味深い。

允恭天皇は詔《みことのり》して、次のように述べられた。「上古、人々は定着し、姓名の乱れはなかった。しかしこの頃、上下は争い、民は安らかではない。ある者は[姓《かばね》]を失い、ある者は身分の高い[氏《うじ》]を自称している。世の乱れはこのためだろう」といい、また、「長い歴史の間に、本当の氏素性を確かめることは困難になった。そこで、諸氏族は沐浴斎戒《もくよくさいかい》して、盟神探湯をしなさい」と、命じたのだった。

そこで、味橿丘《うまかしのおか》(奈良県高市郡明日香村の甘樫丘《あまかしのおか》)に探湯瓮《くかへ》(釜)を据えて、人々をここに連れて行き、「本当のことを言えば無事で、嘘《うそ》をつけば、かならず害を受ける(火傷をする)」と仰せられた。諸人はそれぞれ、神事に用いる木綿《ゆう》のたすきをかけ、盟神探湯をした。すると、真実を語った者は無事で、嘘をついた者は傷ついた。あるいは、嘘をつく者は怖《お》じ気《け》づき、先に進めず、盟神探湯をしようとしなかった。こうして、氏姓は自《おの》ずから定まり、偽る者はいなくなったという。

『日本書紀』に記された盟神探湯の最後は、六世紀前半のことだ。朝鮮半島最南端の任那《みまな》（伽耶《かや》）で起きた事件である。

継体二四年（五三〇）九月、任那の使者が、次のように報告してきた。

「毛野臣《けなのおみ》（武内宿禰の末裔で、新羅に攻められた任那を救援するために、朝鮮半島に赴いていた）は、久斯牟羅《くしむら》（慶尚南道《キョンサンナムド》）に館《やかた》を建て、二年も留まったまま、政務を怠っています。このため、日本人と任那人の男女が結ばれ、子が生まれ、どちらに帰属するのか争いが起きて、混乱しています。毛野臣は快楽を求めるかのように盟神探湯をさせ、多くの者が亡《な》くなり、和解するに至っていません」

そこで天皇は、毛野臣を召喚したという。

この時代、盟神探湯が行なわれていたという話に現実味を感じられないかもしれない。しかし、『隋書』倭国伝にも同様の記事が載っているから、事実とみなさざるを得ない。「神の意志」を信じていた古代人は、大真面目《おおまじめ》に熱湯に手を突っ込んでいたのだ。

## 室町時代に一時復活

八世紀に律令制度が整い、「律＝刑法」が明文化され、盟神探湯は一度途絶えたが、だからといって、「公正な裁判」が行なわれたかというと、じつに心許ない。権力者は都合の良いように法を解釈したし、手に負えぬ政敵は陰謀にはめて抹殺した。橘奈良麻呂の変（七五七）のように、独裁権力を握った者が、政敵を捕縛し、拷問《ごうもん》でなぶり殺しにしてしまった例もある。

結局、みなが納得するような裁判は定着しなかったのだろう。中世にいたって、熱湯を用いた裁判は復活している。室町時代の百年間に盛んに行なわれ、戦国時代から江戸時代初期にかけては、鉄火裁判が行なわれた。真《ま》っ赤《か》に焼いた鉄を握るという苛《か》酷《こく》な裁判（神判）である。

清水克行氏は、『日本神判史』（中公新書）の中で、盟神探湯と博打《ばくち》はどちらも神の意志を問いただす「神事」に由来すると指摘し、盟神探湯について、「当事者に衡平《こうへい》に得失の機会を与えようとする方向性」ゆえに、「人類史上のひとつの叡智《えいち》とよぶことが許される」と述べている。

なるほど、現代的感覚で是非を判断し、野蛮視することの方が、傲慢《ごうまん》なのかもしれない。

## 24 「藤原の呪縛」を解き放った天皇の末裔

### 平家の活躍はもっと評価されるべき

武家社会の到来と言えば、鎌倉幕府を開いた源頼朝をすぐに思い浮かべるだろう。しかし、その直前の平清盛の活躍の方が、大きな意味を持っていたように思う。藤原氏だけが栄える世の中に終止符が打たれ、新たな秩序が構築されたからだ。

もっとも、平家の専横ぶりが強くイメージに残されてしまっているから、いまだに平家に対する評価は、低い。二〇一二年のNHK大河ドラマは「平清盛」だったが、肝心な歴史背景とその意味を、伝え切れていなかった。

たとえば、平氏や源氏は天皇家の末裔《まつえい》なのに、なぜ平安貴族が蔑《さげす》む、武家の道を歩んだのか。なぜ「穢《けが》れ」と忌《い》み嫌われる殺生《せっしょう》を引き受けねばならなかったのか。その理由が、描かれていない。

さらに、「院政」をめぐる問題がある。ドラマを観《み》ていれば、白河上皇（伊東四朗）が独裁者であることは理解できるかもしれない。だが、このような「院の独裁」や

「親政」が、白河上皇の時代から始まった事実と理由が明示されていない。

直前まで、藤原摂関家が朝堂を牛耳り、天皇の外戚《がいせき》として権力を掌握してきたのである。

なぜ院政が始まり、そのあとなぜ平家が台頭したのか。ここに大きな謎《なぞ》が隠されている。

原則として、古代の天皇に「絶大な権力」は与えられていなかった。「ミウチ（外戚）」や取り巻きたちが、祭司王の側面が強い「権威に満ちた天皇」を補佐して政治を運営する体制が守られていた。真の実力者が、天皇の権威と結びつくことによって、安定した政権を維持することができたのである。

ならばなぜ、院は強大な権力を手に入れたのだろう。

天皇のあり方に変化があったのは、大海人皇子が壬申の乱（六七二）を制した直後のことだ。即位した天武天皇は天皇や皇族だけに権力を集中させる「皇親政治」を展開した。政策決定に大きく関与していた議政官（豪族）を排除したのである。

ただし、これは律令制度を整備するための暫定《ざんてい》的な強権発動であって、法整備とほぼ同時に、実権は議政官（太政官《だじようかん》）に移された。その太政官を支配していたのが、藤原氏や藤原摂関家である。

ところが平清盛の時代、実権を握る者が、「藤原摂関家」→「院（上皇、法皇）」→「武家」と、一気に流転したのだ。ここに、知られざるドラマが隠されている。

平安時代は、藤原氏（北家）の時代だった。彼らは天皇のミウチになることで、全権を掌握した。

ところが、藤原摂関家全盛期は、長続きしなかった。増長した藤原道長は、外戚の地位を、「道長の嫡流《ちやくりゆう》」だけの特権にしようと企《たくら》んだのだ。だが、これが仇《あだ》となった。「ミウチ」となる公卿《くぎよう》が、目減りしていった。しかも、「藤原腹の皇子」も、まるで絶滅危惧種《ぜつめつきぐしゆ》のように消えてしまったのである。

## 「院」と「藤原摂関家」のせめぎ合い

白河上皇の父・後三条天皇は、藤原摂関家を外戚にもたぬ天皇だった。この帝《みかど》は摂関家と距離を保ち、院政をはじめたことで知られる（早逝したため、長続きしなかった）。そして、後三条天皇の子が、白河上皇だった。

白河上皇の母も、「道長の嫡流」の出身ではなかった。だからこそ、白河上皇は、院政を敷いて、藤原摂関家を押さえこむことができたのである。

平安時代を通じて、何回か藤原氏が外戚の地位を失っているが、そのたびに、天皇は藤原氏の神経を逆なでするような行動をとっている。長い間、藤原氏は天皇家と婚姻関係を重ね、天皇家はほとんど藤原氏の血で埋め尽くされたと言っても過言ではなかった。それにもかかわらず、なにかしらの理由（アクシデントに近い）で藤原摂関家や藤原氏が外戚の地位を失うと、その都度、天皇は反藤原的に振る舞った。そして、白河上皇の院政や他の藤原氏の嫉妬《しっと》によって、摂関家は没落してしまうのである。

白河上皇の独裁に対し、摂関家が巻き返しを図ろうとしたのだが、この「院と藤原摂関家の葛藤《かっとう》とせめぎ合い」こそ、物語の背後に横たわっていた「鍵《かぎ》」なのだ。

上皇と摂関家の暗闘は、やがて「上皇」「天皇」それぞれを、分裂した藤原氏が後押しすることで、藤原内部の骨肉の争いへと進展し、泥沼化していく。そして、紛争に利用され、振り回されていた武士が、「貴族のあさはかさ」に幻滅する一方、「自分たちの実力」に気づき、武士の時代を築いていくことになるのである。

平氏や源氏は、天皇の末裔であるからこそ、藤原氏に邪魔にされ、地方に飛ばされ、危険で穢れた仕事を与えられたのだ。けれども彼らは土地と結びついて「真の実力」を手に入れた。武士が腐りきった貴族や官僚たちの社会を潰すことができるようになったのは、貴族のいやがる仕事を黙々とこなした結果なのである。

天皇家は藤原の呪縛《じゅばく》から抜け出そうと、必死にもがき、結局臣籍降下した武士たちの手で、新たな時代が切り開かれたわけだ。
平清盛の功績は、想像以上に大きい。

# 25　戸籍は権力そのもの

## 「戸籍を作る」ということ

福岡県太宰府市の国分《こくぶ》松本遺跡から見つかった七世紀末の木簡《もっかん》は、考古学上の大発見となった。それが、国内最古の戸籍史料だったからだ。

これまでに見つかった最古の戸籍史料は、東大寺正倉院に伝わった西暦七〇二年のものだった。これは、本格的な律令制度、大宝律令（七〇一）が導入された直後のものだ。これに対し今回見つかった木簡は、「嶋評《しまのこおり》」や「進大弐《しんだいに》」の記述から、西暦六八五〜七〇一年の間に作られたことがわかった。「評」は行政単位で、西暦七〇一年に呼び名が「郡」に変更された。もうひとつの「進大弐」は冠位で、西暦六八五年から使われ始めたものだからだ。

そこで注目されたのが、庚寅年籍《こういんねんじゃく》だ。持統三年（六八九）、飛鳥浄御原令《あすかきよみはらりょう》が発布され、その翌年の庚寅の年に、戸籍が作られた。これが庚寅年籍で、以後六年ごとに、戸籍を作り直す作業が始まった。そして、今回発見された木簡は、庚寅年籍をもとに、異動の実態を把握し書き留めたものだったのである。

『日本書紀』には、庚寅年籍よりも早く、天智九年（六七〇）の庚午の年に戸籍が作られたと記されている。これがいわゆる庚午年籍《こうごねんじゃく》だ。しかし、この記事は怪しい。天智天皇は白村江の戦い（六六三）、近江大津宮遷都（六六七）という失政をくり返して非難を浴び、各地で不審火が絶えなかった。不人気な天皇に、戸籍が作れるはずがない。

最初の戸籍を作ることは、想像以上に困難だったはずだ。戸籍は、統治システム入れ替えの第一歩で、ここで抵抗を受けた可能性が高い。多くの血が流され、政権も入れ替わっている。極論すれば、大化の改新（六四五）や壬申の乱（六七二）の原因も、戸籍をめぐる争いだったのである。

戸籍はただ単に、役人が現地に赴き、頭数を把握すれば完成するわけではない。戸籍を作るには、天皇（朝廷）と豪族たちの間に、強い信頼関係が必要だった。その理由は、いたって簡単なことだ。戸籍作成とはすなわち、律令整備の下準備であり、豪族たちの既得権益を収奪する作業にほかならなかったからだ。

律令制度は、明文法による国家運営であるとともに、各地の土地と民はすべて天皇が支配し、集積された富を再分配するシステムだ。

つまり、豪族に代わって天皇（朝廷）が各地の民を把握し、民に平等に耕地を下賜《かし》し、そこから得られる収穫の一部を税として徴収するために、戸籍は作られたのである。

そして、律令整備で最大の難関は、新制度に移行する瞬間にあった。すべての豪族が土地と民を手放さなければならなかったからだ。見返りに冠位と食封《じきふ》（財を産み出す土地）が得られるとは言え、地位と食封の世襲は認められなかったから、多くの豪族が反発したに違いない。その律令整備の第一歩が戸籍づくりなのだから、一筋縄ではいかなかったはずなのである。

そこで律令整備の歴史をひもとくと、新発見の木簡の意味が、明らかになってくる。話は七世紀半ば、大化改新の直前に遡《さかのぼ》る。

このころの「守旧派」「反改革派」といえば、蘇我本宗家（蘇我蝦夷と入鹿）で、中大兄皇子（のちの天智天皇）や中臣鎌足が彼らを滅ぼすことで、一気に改革事業は進展した――これが、今までの古代史の常識だった。

しかしこの構図は『日本書紀』による歴史改竄《かいざん》である可能性が高い。中大兄皇子は反動勢力を募って改革派の蘇我氏を潰《つぶ》したのだと筆者は睨《にら》んでいる。中臣（藤原）鎌足の子・藤原不比等が朝堂を牛耳っていた時代に『日本書紀』は記され、本来は反動勢力だった中臣鎌足が英雄に化けたのだ。蘇我氏の手柄を横取りし、改革者として歴史に名を留《とど》めたわけである。

## 「朝廷の悲願」への道筋

天智天皇と中臣鎌足を守旧派とみなせば、多くの謎が解けてくる。最古の戸籍作成が天智天皇の時代ではなく、その次の天武天皇（天智天皇の弟で政敵の大海人皇子）の政権に委《ゆだ》ねられた理由が、はっきりとする。

天智天皇の崩御後、大海人皇子は壬申の乱（六七二）を制して即位する。これが天武天皇で、皇族だけで朝堂を牛耳るという極端な独裁体制を敷いた。これを皇親政治と言うが、その目的は、「豪族の合議に委ねず、一気に律令整備を完遂するための暫定的な処置」を行なうことであった。天武天皇は志半ばで亡《な》くなるが（六八六）、その直後に飛鳥浄御原令と庚寅年籍が作られた意味は、けっして小さくない。

中央集権化と律令整備は、百年もの間、朝廷の悲願であった。この間、いくつもの政争が勃発《ぼっぱつ》している。蘇我氏と物部氏の仏教導入をめぐる死闘も、実際には、改革派と守旧派の主導権争いだった可能性が高い。

そして七世紀後半、天武天皇は、ようやく豪族たちを説き伏せ、新たな制度を導入する道筋をつけたのだろう。

最古の戸籍が天皇の独裁とともに完成していたという話も、「戸籍の意味」を知れば、理に叶《かな》っていたことに気付かされる。見つかった木簡の面白さは、天武天皇の時代に律令整備が飛躍的に進捗《しんちょく》した事実を証明してくれたことにある。

# 26 久渡古墳群が伝える「ヤマト」と「前方後方墳勢力」の関係

## 近江・尾張で誕生した「前方後方墳」

奇妙な遺跡が出現している。

奈良県北西部、奈良盆地の西側、久渡《くど》古墳群（奈良県北葛城《きたかつらぎ》郡上牧《かんまき》町）の久渡三号墳だ。古墳時代前期初頭（三世紀後半）の造営で、一辺が一五メートルの方墳（四角い墳墓）、あるいは前方後方墳（前も後ろも方墳）と考えられている。中国製の銅鏡（後漢の画文帯環状乳神獣鏡。全国で三十例目。奈良県で八例目）も埋納されていたから、有力者の墓であったことは間違いない。

残念なことに、試掘調査時に重機を用い、久渡三号墳―五号墳の埋葬施設の一部は損壊され、埋葬施設の構造、副葬品の配置がわからなくなってしまった。ただ、遺跡の価値が失われてしまったわけではない。ヤマト建国の真相を今に伝える、面白い物証になりそうなのだ。

ヤマト建国は三世紀後半から四世紀にかけてと考えられている。その理由は、この時期に奈良盆地の南東部に、前代未聞《みもん》の巨大都市・纒向《まきむく》が生まれていたこと、その纒向に前方後円墳が出現していたからだ。前方後円墳は、四世紀中に東北北部を除く日本各地に伝播《でんぱ》し、同一の埋葬文化を共有するゆるやかな連合体が生まれたのだ。

ヤマト建国時、奈良盆地南東部に、都市も古墳も集中していた。だから、盆地の西部から、中国鏡を埋納した古墳が出現したのは、意外なことなのだ。さらに久渡古墳群での墳墓造営は、七世紀まで継続する。これも、珍しいことなのだ。そして、久渡三号墳が前方後方墳だったとすれば、ここに大きな謎が生まれる。

これまで、前方後方墳は前方後円墳よりも被葬者のランクが下がるとみなされてきた。だが、この常識は通用しなくなってきている。前方後円墳の原型が吉備（岡山県）で生まれ、ヤマトの纒向で発展、完成したのに対し、前方後方墳は、近江（滋賀県）と尾張（愛知県）で誕生し、前方後円墳よりも早く、各地に伝播していたことがわかってきたからだ。一時邪馬台国ではないかと騒がれた吉野ヶ里遺跡（佐賀県）でも、三基の前方後方墳が採用されていた。

それだけではない。纒向には出雲（島根県東部）や吉備など、西日本各地から多くの土器が集まってきたが、数量の上でそれを上回っていたのが、東海と近江の土器だった。纒向の外来系土器（地域外からやってきた土器）の過半数は、「前方後方墳の国」のものだったのだ。

## 主導権争い

もうひとつ、興味深い遺跡を紹介しておきたい。それが、滋賀県を代表する霊山・三上山《みかみやま》の麓《ふもと》、守山市と栗東《りっとう》市の境の微高地に広がる伊勢遺跡で、纒向遺跡が登場する直前の時代まで、巨大な建造物を有する環濠《かんごう》集落を形成していた。無名だが、弥生時代後期最大級の規模を誇る。

王の居館と思われる建物の構造は、伊勢神宮（神明造）とよく似ていて、神社建築の原点と推理されている。

楼観や膨大な建造物群や日本最古のレンガが張り巡らされた建造物の跡も見つかり、邪馬台国ではないか？　と疑う人さえいる。

ここで注目したいのは、日本で最初の前方後方墳が、伊勢遺跡の近くで生まれていたこと、ヤマトに纒向遺跡が誕生したちょうどそのころ、近江、東海の人びとが各地に拡散し、同時に前方後方墳も伝播していること、そして纒向に近江と東海の外来系土器が大量に流れ込んでいたことなのだ。

この一連の動きを総合すれば、近江・尾張がヤマト建国に果たした役割の大きさがみえてくる。「前方後方墳」を産み出した「近江+尾張」と「前方後円墳」を産み出した西日本が融合して、ヤマト建国が成し遂げられたのだろう。

ただし、ここが複雑なところなのだが、前方後円墳が各地に伝播していくころになると、近江・東海地方が衰弱していってしまう。「前方後方墳の国々」は、ヤマト建国後の主導権争いに敗れたのだ。

さらに、このころ出雲も没落していくのだが、出雲は、この後もかたくなに前方後方墳を採用しつづけていく。ヤマト建国に深くかかわり、しかも建国と同時に没落していった地域が、前方後方墳と強い縁で結ばれていたのはなぜだろう。

そういえば、三種の神器のひとつ草薙剣《くさなぎのつるぎ》は、出雲（八岐大蛇《やまたのおろち》の尾）から尾張（熱田神宮）に渡っているが、ここにも大きな謎が隠されている。前方後方墳で結ばれたふたつの地域で、なぜ王家のレガリア（象徴）がやりとりされたのだろう。王家の神宝を尾張の熱田神宮が所持し続けていたのも、不思議でならない。

そこで問われるのは、久渡三号墳の意味だ。想像をたくましくすれば、ヤマト建国に貢献した「前方後方墳勢力」が、主導権争いで劣勢に立たされていく中、纒向からやや離れた場所に、「生き残り」が拠点を作り、居残り、七世紀に至るまで、意地を張り続けたということではなかろうか。

事実、「近江」や「尾張」は、七世紀に至るまで、隠然たる影響力をヤマトに持ち続けてきた。

たとえば、「近江」で生まれ六世紀初頭に越《こし》（北陸）からヤマトに乗り込んだ継体天皇と、七世紀に壬申の乱を制した天武天皇を強力に後押ししていたのは、「尾張」だった。そして、七世紀に権力を握った蘇我氏が出雲や尾張と強くつながっていたことは、拙著『蘇我氏の正体』（新潮文庫）の中で述べたとおりだ。

「前方後方墳勢力」はヤマト建国直後に追い落とされたものの、執念が途絶えることはなく、復活のチャンスを、虎視眈々《こしたんたん》と狙っていたのではないか。久渡古墳群が、それを今に伝えているように思えてならない。

## 27「渡来人」と「日本の神」

### 『古事記』は「心の拠《よ》り所」だったのか?

江戸時代の国学者たちが、「『古事記』神話こそ、日本人の心の故郷だ」と称《たた》え始めて以来、『古事記』は「神典」となって、人々に親しまれることとなった。

しかし、腑《ふ》に落ちないことがある。神話に登場する天照大神や天津《あまつ》彦彦火瓊瓊杵《ひこひこほのにに ぎの》尊《みこと》、彦火火出見尊《ひこほほでみのみこと》といった天皇家の祖神を祀《まつ》る神社の数が少なく、人気が低いのだ。それよりも、渡来系豪族・秦《はた》氏が祀っていた稲荷《いなり》社や八幡《はちまん》社が、全国の神社の過半数を占めている。ここに大きな謎が横たわる。

『古事記』の神話は、本当に日本人の原風景なのだろうか。

われわれが親しんできた「神話」は、八世紀の朝廷が、王家の正統性と、支配の正当性を訴えるために構築したものだ。巷《ちまた》で語り継がれていた「色とりどりの神代の物語」とは性質を異にしていただろうし、庶民は朝廷の構築した神話に触れる機会を与えられなかっただろう。第一、文字を読めたのは、一握りの知識人だけであった。したがって、『古事記』や『日本書紀』の神話が太古の日本人の心の拠り所であったと考えるわけにはいかない。それどころか、庶民にとって、神話の神々は、「ありがた迷惑」な存在だったかもしれない。

律令制度が構築されると、神道は「効率よく税を徴収するためのシステム」に組み込まれた。古代の税とは、建前上は神への捧《ささ》げ物だった。ところが、各地の民は重税に喘《あえ》ぎ、次第に制度疲労を起こし、税徴収システムの中間管理職に当たる神社の神官たちが、「神々が託宣して、仏教に帰依《きえ》したいと言っている」と、報告するようになった。すなわち、神道（律令神道）によって税を徴収することは、もう無理だ、と悲鳴を上げたのだ。庶民は税を取り立てる「朝廷にとって都合のいい神社」を敬遠していたのだろう。

その一方で、渡来系豪族の祀る神が庶民に歓迎される理由は、はっきりとしていた。現世利益である。

秦氏に代表される渡来人たちは、朝鮮半島から日本に最先端の知識や技術をもたらした人々だった。

彼らが日本にやってきた主な理由はふたつある。ひとつは朝鮮半島の動乱から逃れるため。そしてもうひとつは、ヤマト朝廷が、技術者や知識人を呼び寄せたためだ。

これは、半島側の援軍要請に応《こた》えたヤマト朝廷が、見返りを求めた結果だった。

ちなみに、かつて盛んに喧伝《けんでん》されたような、渡来人による日本征服論が絵空事であることは、すでに考古学の進展によって確定している。ヤマト建国も、寄せ集め集団のゆるやかな連合形成だったことが明らかになっている。神武天皇も、朝鮮半島からやってきた征服王とは、考えられなくなったのだ。

それはともかく、新しい技術と知識を携えて渡来した人々は、大豪族や天皇家に支配され、利用されていく。そして、土木工事を行ない、水を引き、荒地を開墾し、橋をかけていったのだった。

渡来人は豪族や王家に富をもたらしただけではない。庶民の暮らしをも、豊かにしていった。当然、庶民は渡来人のもたらす恩恵に感謝し、渡来人の祀る神を崇《あが》めただろう。稲荷社や八幡社が次々と増殖していった最大の理由は、渡来人が庶民の暮らしに、希望を与えたからである。

## 日本人に同化した秦氏の末裔たち

秦氏の末裔たちは、平安時代後半以降、支配ピラミッドの最下層に位置づけられていくようになる。多くが、差別される側に落ちぶれていったのだ。その理由は、彼らが「新羅系渡来人」だったからだろう。

七世紀後半、朝鮮半島の新羅と百済は対立し、唐を味方に着けた新羅が百済を滅亡に追い込んだ。大量の百済の遺民が同盟国・日本に流れ込み、八世紀以降、朝廷は次第に「親百済政権」となっていく。したがって、新羅系渡来人は政権の中枢《ちゅうすう》から追いやられ、零落していくのである。

そして、秦氏たちは、「日本人に同化」することで、生き残る道を選択した。「日本人以上に日本人的」となる努力を怠らなかったからこそ、庶民は抵抗なく渡来系の神々を、受け入れていったのだ。そしていつの間にか、誰もが稲荷や八幡を、「日本の神」と信じて疑わないまでに至ったのである。

ただし、鎌倉仏教の法然《ほうねん》や、能楽の世阿弥《ぜあみ》らは、自らが秦氏の末裔であることを、けっして忘れず、むしろ、誇りにしていた。ここに、彼らの苦難の歴史をみる思いがする。

われわれの先祖たちは、外からやってくる文物を、上手に受け入れる智恵《ちえ》を持ち合わせていた。それは「妥協」にも見えるが、一方で、日本人には決してぶれない「核」と「自信」があった。確固たる感性、信念があったからこそ、新しい文物を鷹《おう》揚《よう》に受けとめ、改良することができたのだ。この柔軟性があったからこそ、秦氏の信仰を受け入れたのである。

この「他者を認め、妥協し、共存する」という日本人の特性は、島国で侵略を受けることが無く、森に囲まれていたからこそ、育《はぐく》まれたのであって、早くに森を失い、荒野を疾走する騎馬民族の恐怖と闘ってきた朝鮮半島の人々の感性とは、相容《あい》れない。彼らに「妥協」や「共存」という発想はない。この差を強く意識しなければ、お互いを理解することは不可能だ。

# 28 「差別される人々」はいつ生まれたのか

## 孝謙女帝の「奴隷《どれい》解放」

差別される人々が、いつ、どこで、なぜ生まれたのか、はっきりしたことは分かっていない。ひとつ分かっているのは、中世の段階で私的隷属を嫌った人々が、天皇と深く結びついていたということ、そして、何者にも支配されず自由に暮らす彼らが、被差別民になっていったという事実である。

各地を遍歴し漂泊する勧進、芸能民、遊女《うかれめ》、鋳物師《いもじ》、木地屋、薬売りなどの商人、工人、職人などの非農耕民は、「捕らえ所がなく、税の徴収が難しい」ことから、普通の農民（良民）たちとは区別されるようになっていった。

遍歴する人々＝被差別民の多くは、供御人《くごにん》の流れを汲《く》んでいると信じられていた。「供御」とは、「天皇の食事」のことで、天皇家に供御を献上したり、奉仕をする人たちが供御人だ。供御人は見返りに、通行の自由、税や諸役の免除、私的隷属からの解放という特権を天皇から獲得していたのである。

ではなぜ、頂点の天皇と最下層の差別される人々が、結びついたのだろう。具体的なきっかけがあったのではないか……。それが、天平宝字《てんぴょうほうじ》二年（七五八）七月四日のことだったと、筆者は睨んでいる。平城京（奈良市）に都が置かれた時代のことだ。

この日、孝謙女帝は「思うところがあって」と勅《みことのり》を発し、朝廷が管轄する奴婢《ぬひ》を良民にすると、宣言したのだ。「奴婢」とは、古墳時代から飛鳥時代にかけて存在した賤民《せんみん》をさす。物のように扱われ、売買もされたようだ。だから、孝謙女帝の勅は、日本版奴隷解放といったところか。

孝謙女帝の父母・聖武天皇と光明子も、貧しい者たちに温かい手をさしのべていたから、この勅は、親子が目指した理想とみなすことができる。こののち、各地の奴婢も、次第に良民に組み込まれていくようになり、奴婢は消滅するのだ。ただし、ここから、新たな被差別民が生まれていくことになる。

## 優婆塞《うばそく》と手を組んだ聖武天皇

皮肉なことに、貧しい人々を救済しようとした聖武天皇と孝謙女帝が、今日につづく被差別民を生み落としたようなのだ。それが、優婆塞である。

優婆塞とは、「律令の枠組みからはずれていった人たち」だった。律令制度が整い戸籍が作られると、人々は土地に縛られるようになった。国から与えられた農地を耕し、一定の税を納め、労役や兵役に駆り出されたのだ。ところが、土地を離れ、放浪し、公役から逃れようとする者が現れた。勝手に僧（私度僧、優婆塞、乞食坊主《こじきぼうず》）になって、都周辺にたむろするようにもなった。重税もさることながら、税を直接都まで運ぶという作業に耐えられなかったようだ。行き倒れになる人も続出した。借金がかさんで、夜逃げした人々も多かった。干魃《かんばつ》や天変地異に苦しめられた時代だから、彼らを責めることは、酷である。

奈良時代には、数千人から一万人にのぼる優婆塞が、平城京の東の山にたむろし、気勢をあげていたという。これを放置しておけば、国家の基盤が危うくなる。だから、朝廷は彼らを非難し、弾圧したのである。

ところが聖武天皇は、あろうことか、優婆塞たちと手を組んでしまうのだ。優婆塞のリーダーである行基《ぎようき》を、大僧正（仏教界の最高位）に大抜擢《だいばつてき》している。東大寺建立が成し遂げられたのは、行基や優婆塞の協力による。聖武天皇は、優婆塞や行基を優遇し、特別扱いしたのだ。

目的は弱者救済だけではない。独裁権力を獲得しつつあった藤原氏に対抗するためだ。「天皇を傀儡《かいらい》にして天皇の権威を悪用する藤原氏」を、聖武天皇はとことん嫌い、優婆塞の力を活用しようと考えたのである。

聖武天皇と俗権力（藤原氏）の葛藤《かっとう》が、天皇と底辺の人々を結びつけたのだ。ところが、これが、被差別民の歴史の発端となった。それはなぜかといえば、聖武天皇が藤原氏との間の政争に敗れ零落したこと、こののち藤原氏が絶大な権力を握り、朝堂を支配していくからだ。被差別民の根源を遡《さかのぼ》っていくと、多くが「藤原氏の敵」であったことに気付かされる。

くり返すが、聖武天皇は、藤原氏と対立していた。藤原氏の圧力をはね返すために、最下層の人々と手を組んだのだ。

一方、藤原氏は他者との共存を望まず、政敵を次から次へと陰謀にはめ葬《ほうむ》り去っていった。そして、敗れ零落した者を、容赦なく蔑視《べっし》していった。こうして、差別される人の原型が出来上がっていったのだ。また、差別される人たちが「権力に屈せず」「天皇の権威にすがっていった」理由も、はっきりと分かってくる。

最下層の人々だけではない。古代を代表する渡来系豪族・秦氏も、藤原氏に嫌われ、差別されていく。それはなぜかといえば、秦氏が新羅系渡来人だったからだ。親百済派（筆者は百済系渡来人とみる）の藤原氏は、秦氏を利用するだけ利用したあと、潰しにかかっていたのだ（拙著『古事記の禁忌《タブー》 天皇の正体』新潮文庫）。

　このように、中世、近世にかけて差別されていく人々のルーツを辿《たど》っていくと、古代の政争まで行き着いてしまう。差別問題と権力闘争は、切っても切り離せないものなのである。

# 29　京都の水害と「秦氏の恨み」

## 平安京の南側は巨大な水運ジャンクション

二〇一三年九月、台風一八号の影響で、京都を代表する観光地、嵐山《あらしやま》一帯が被害を受けた。また、宇治川も増水し、下流の一部が浸水した。

ニュースに頻繁に取りあげられた嵐山公園中之島地区の惨状を見ながら思い浮かべていたのは、古代豪族・秦氏のことだ。

あの中之島とやや上流の葛野《かどの》大堰《おおい》を造ったのは秦氏で、川の流れをふたつに分け、支流を造り出し、灌漑《かんがい》用水に用いたのだ。このため農地は広がり、土地は豊かになった。秦氏は、京都の生みの親といっても過言ではない。平安京の土地を所有し開墾していたのは秦氏だった。

秦氏は朝鮮半島東南部の新羅からやってきた渡来系豪族で「秦の始皇帝《しんのしこうてい》の末裔」を自称していた。興味深いことに、嵐山一帯の秦氏の遺構が秦の時代の都江堰《とこうえん》（四川省）とそっくりだという指摘がある。

秦氏の祖が何らかの理由で中国から亡命し、朝鮮半島に留まった後日本列島にやってきた可能性は、否定できない。

件《くだん》の京都の災難は、京都の原初の姿が、亡霊のように現れたような事件だった。すでに忘れ去られてしまった「京都の成り立ち」が、水害によって、姿を現したのだ。

たとえば宇治川下流域はかつては巨椋池《おぐらいけ》で、戦前まで巨大な湿地帯だった。

平安京遷都の理由のひとつに「水運の利便性」が挙げられるが、具体的には、巨椋池が巨大なジャンクションになっていたことが大きな意味を持っていた。宇治川、木津川、鴨川、桂川の水がこの池に集まり、淀川に下っていった。

古代の水運は、想像以上に発達していた。琵琶湖から木材などを宇治川に流していたことははっきりわかっているし、木津川からも、大量の物資が流れ着いていたはずだ。そして、淀川を下れば、瀬戸内海に通じている。川を遡るときは、馬で船を引いた。巨椋池に集積された荷は、方々に散っていったことだろう。ここに、平安京の大きな利点が隠されていたのだ。

ただし周辺は水害に苦しめられたようで、豊臣秀吉が治水事業を始め、次第に干拓が進み、近代に至ると東西四キロ、南北三キロの規模に縮小した。そして昭和一六年(一九四一)に、ほぼ姿を消したのだった。ただし、昭和二八年(一九五三)に宇治川が決壊し、一面が水浸しとなり、この時は「太古の巨椋池の姿が高台からくっきりみえた」と地元の人はいう。

## 「祇園祭《ぎおんまつり》」は疫病《えきびよう》を鎮《しず》めるため

巨椋池の北側のやや高台に位置する平安京も「水害の常習地帯」だった。鴨川が溢《あふ》れれば、右岸域（西側）は水浸しになった。近代に至ってもよく溢れた。昭和一〇年（一九三五）の鴨川の大洪水では、京都市内で八十三名の死傷者を出している（桂川、天神川など他河川の洪水も含める）。その後河川改修が進み、ようやく安心して暮らせる街になった。

権力をほしいままにした白河法皇でさえ、双六《すごろく》のサイコロと山法師《やまほうし》（比《ひ》叡山《えいざん》の僧兵）と賀茂河（鴨川）の水だけは、意のままにならないと嘆いたほどだ。

四条通の東の突き当たりに八坂神社（京都市東山区）が鎮座し、夏になれば祇園祭で賑《にぎ》わうが、祭神は雷雨や災厄《さいやく》をもたらす疫神、荒御霊《あらみたま》として祟《たた》められた。これは祟る神で、それはなぜかといえば、この一帯から西側が水害の頻発する地域だったからだ。洪水ともなれば、疫病が蔓延《まんえん》した。

祇園祭はもとは「祇園御霊会《ごりようえ》」と呼ばれ、貞観《じようがん》一一年（八六九）に流行《はや》った疫病を鎮めるためにはじめられたと伝わる。要するに、疫神を歌舞音曲《おんぎょく》でなだめすかす祭りである。

古代人は災厄を神の怒り、御霊の祟りとみなした。だから水害を繰り返す平安京の土地に原因を探っただろう。思い当たる節はあった。それが「秦氏の恨み」だ。

秦氏は渡来系ゆえ高級官僚への道を閉ざされていたが、都が平城京から山城《やましろ》（京都）に移されることになって、台頭の糸口を掴《つか》んだ。ところが、長岡京（平安京の前身）造営中の延暦《えんりゃく》四年（七八五）、造都の責任者を務めていた藤原種継《ふじわらのたねつぐ》が暗殺されて、秦氏も没落していく。犯行に荷担していたのではなく、藤原種継は秦氏から生まれた貴重な「ミウチ」だったのだ。

長岡京の土地を提供した秦氏は、権力者・藤原氏と姻戚関係を結び、一族繁栄の基礎固めを目論《もくろ》んだ矢先だった。そこで、頼みの種継が殺されてしまった。

事件の詳細は割愛するが、藤原四家の内紛に巻き込まれ、「秦はずし」の陰謀に屈したのである。

筆者は藤原氏を百済系とみなす。百済系遺民は新羅系渡来人を敵視していたから、秦氏の台頭は許せなかったのだろう。藤原氏は、長岡京、平安京の土地を秦氏から吸い上げ骨までしゃぶった上で、蹴落《けお》としたのだろう。秦氏の末裔たちが「祟る鬼」を自称していくのは、深い恨みゆえだ。

平安京で高笑いをしていた藤原氏であったが、洪水や疫病の蔓延を目《ま》の当たりにするたびに、「よもや秦氏の怨霊《おんりょう》か」と、震え上がったにちがいない。

平安京の災害は、雅《みやび》な貴族社会の背後に隠れた、闇《やみ》だったのである。

## 30 法をもてあそべば国が傾く

### 「法」と「天皇」の使い分け

国際秩序の地殻変動が起きている最中、日本では、集団的自衛権の行使を巡って、「誰が法を解釈するのか」が問題になっている。

ここで問題とすべきは、日本国憲法が制定されてから数十年を経て、「誰が法の番人なのか」をいまさら議論している政治の状況だ。これは政治の劣化であるとともに、危機ではあるまいか。古代の歴史をふり返っても、「法をどのように使うのか」の判断が揺れ動きその使い方を誤ったとき、国家の危機が訪れていた。

日本の律令（明文法）は、大宝律令（七〇一）を嚆矢《こうし》とする。

大宝律令編纂《へんさん》に大いに活躍したのは中臣鎌足の子の藤原不比等で、この人物は「法を支配すれば天下を取れる」ことに、誰よりも早く気付いていた。

藤原氏の繁栄は、天皇の外戚になること、そしてそれは、法を支配することによってもたらされた。しかも、「法」と「超法規としての天皇」を使い分けることで、政敵を煙に巻いたのだ。

このあたりの事情を理解していただくために、まずはっきりさせておきたいのは、律令制度の中で天皇はどのような存在だったのか、ということである。

中国の隋や唐で最盛期を迎えた律令は、皇帝の強大な権力を維持するための法体系だった。日本はこれを移入したが、アレンジした。天皇に実権を渡さなかったのだ。そもそもヤマト建国来、天皇は祭司王で、強大な権力は与えられていなかった。天皇が城塞《じょうさい》に住まなかったのは、権力も武力ももっていなかったからだ。現実の政治は、豪族の合議によって運営されていたのであり、この伝統を守る形で、律令が編まれた。

ところが藤原氏は、この「力のない天皇」を悪用した。

矛盾するようだが、律令制のもと、天皇の命令は絶対で、これを拒否することはできなかった。しかしこれにはカラクリがあって、天皇の命令＝詔《みことのり》とは、太政官（現代風にいえば内閣）が奏上した案件を天皇が追認したものにすぎない。実権を握っていたのは太政官であった。

ところが藤原氏は、「法律を当てはめると筋が通らないが、どうにかごり押しをしたい」というとき、外戚の立場を利用し、勝手に「天皇の命令」を引き出した。律令と「超法規としての天皇」をうまく使い分け、藤原氏だけがおいしい思いをする社会を構築したのだ。

ところが、このような藤原氏の手口に抵抗する皇族が現れた。それが、長屋王だ。ひとつの事案を巡って長屋王が藤原氏のやり方にクレームを入れた。長屋王の言い分は、「法の規定と天皇の命令のどちらに従うべきなのか、この際だからはっきりさせようではないか」というものだ。長屋王は「法律を上に置くべきではないのか」と主張したのである。

結局、長屋王の言い分が通ったが、藤原氏は長屋王を許さなかった。冤罪《えんざい》で一家滅亡に追い込み、件の問題は、振り出しにもどされた。

## 時に暴走する独裁権力

そして、この「律令と天皇」の問題をあいまいにしたことが、禍根を残した。ひとたび「藤原の箍《たが》」がはずれてしまうと、天皇が独裁権力を握り、暴走を始めるようになってしまったのだ。

たとえば聖武天皇は藤原不比等の孫でありながら、突然、反藤原の天皇に豹変《ひょうへん》し、藤原仲麻呂《ふじわらのなかまろ》（恵《え》美押勝《みのおしかつ》）との間で暗闘をくり広げた。聖武天皇は「富と権力を握っているのは朕《ちん》だ」と宣言して、藤原氏を圧倒しようとした。さらにその娘の称徳（孝謙）天皇に至っては、独裁者・恵美押勝を武力で打ち倒し、あろうことかどこの馬の骨ともしれぬ道鏡を天皇に押し上げようとした。この事件、一般には独身女帝のご乱心と片づけられているが、藤原氏に対するレジスタンスであろう。

平安時代末、「院（太上天皇、上皇）」が生まれたのも、「天皇を巡るあいまいな規定」が、仇《あだ》となったためだ。藤原北家、摂関家（嫡流）以外の女性から産まれた天皇が即位すると、必ずといってよいほど、「反藤原の天皇」に化けた。そして院政を敷いて独裁権力を握り、藤原氏と対峙《たいじ》したのだ。

「院」のカラクリは、「人事権の掌握」にある。譲位するときに、次の天皇を指名する。だから、「院」は、超法規的存在の天皇を自由に動かすことができたのだ。

藤原氏は法律（律令）の原則を自分勝手に操作し、「時には天皇の命令が法律よりも優先される」と言い、悪用したがために、墓穴を掘り、必要のない争いを招き寄せたのだ。

法をもてあそべば、国が傾くのである。

# 第4章　古代女性の輝き

# 31 斉明天皇が敵対する二大勢力から推された理由

## なぜ斉明《さいめい》は蘇我全盛期に求められたのか

七世紀後半の牽牛子塚古墳《けんごしづか》（奈良県高市郡明日香村）が、長い眠りから覚めた。二〇一〇年九月九日、明日香村教育委員会が調査結果を発表した。墳丘は正八角形で、これは飛鳥時代の天皇陵の特徴的な様式だから、考古学者も色めき立った。

外見からは小振りで質素な御陵に見えるが、石槨《せきかく》（石室）は七〇〜八〇トンの巨石を運び込み刳《く》り抜いたもので、巨大プロジェクトであったことがわかる。

牽牛子塚古墳が重要な意味をもつのは、普通は特定の難しい被葬者が、はっきりと分かり、しかも、それが斉明（皇極）女帝だったためだ。この女帝は、古代史の鍵《かぎ》を握るひとりなのだ。

斉明天皇は律令制度を導入する混乱期に二度担《かつ》ぎ上げられ、政局に翻弄《ほんろう》された人物だった。

謎《なぞ》めくのは、この女人がなぜ蘇我全盛期に求められたのか、理由が判然としないということだ。斉明の体を流れる蘇我氏の血は、きわめて薄い。

それだけではない。蘇我氏が斉明天皇を後押ししていたにもかかわらず、蘇我氏滅亡後、再びその反対勢力から推戴《すいたい》された理由も、はっきりとしない。斉明天皇は、敵対する二大勢力の双方に利用された、不思議な女帝なのである。

ヒントはある。斉明天皇は舒明《じょめい》天皇に嫁ぐ以前、蘇我系の高向王《たかむくのおおきみ》と結ばれ、男子・漢王《あやのおおきみ》を生んでいた。つまり、皇位継承権のない「蘇我の漢王」を「蘇我系の天皇候補・漢皇子《あやのみこ》」に化けさせ即位させるために、斉明天皇は担ぎ上げられたのではあるまいか。そう考えると、多くの謎が解けてくる。

## 中大兄皇子が仕掛けた権力闘争

中大兄皇子（のちの天智天皇）は、母・斉明天皇の眼前で蘇我入鹿を殺している。その目的は「蘇我氏の専横から王家を守るため」と『日本書紀』は記録するが、これは怪しい。王家の外戚《がいせき》となって権勢をほしいままにした蘇我氏ではあるが、本当に王権を簒奪《さんだつ》しようと目論《もくろ》んでいたわけではないとする説が、近年は有力となっている。

中大兄皇子は兄・漢皇子の即位を阻《はば》みたかったのだろう。入鹿暗殺は、母の目線をこちらに引きつけるためのパフォーマンスだったのではないかとさえ思えてくる。蘇我氏がのさばっている間は、中大兄皇子に出番は回ってこない。蘇我系の漢皇子だけが注目され、母の愛も奪われていたとすれば、中大兄皇子の入鹿殺しの犯意が、ダイレクトに伝わってくる。ようするに、マザコンの悪あがきである。

一方、大海人皇子《おおあまのみこ》（のちの天武天皇）の正体は、実は大化の改新後、歴史から姿を消した漢皇子ではないかとする説がある。壬申《じんしん》の乱（六七二）で大海人皇子は蘇我系豪族の加勢を受けて天智の子・大友皇子を打ち破っているのだから、じつに魅力的な仮説だ。天智と大海人皇子の不仲の理由もはっきりとする。そして、この時代を、「親蘇我派」と「反蘇我派」二大勢力の闘争の歴史と読み直すことが可能となる。しかも、二大勢力を束ねる二人の皇子が、斉明天皇の腹から生まれたところに、悲劇の原因が隠されていた。

斉明天皇が不遇の人であったことは、広く知れ渡っていたようだ。たとえば『日本書紀』には、斉明天皇の晩年、身辺に鬼がつきまとったとあり、長野の「牛に引かれて」で有名な善光寺には、斉明天皇が地獄に堕《お》ちるところを助けられたという伝承が残される。また、牽牛子塚古墳の「牽牛子」は朝顔のことだが、「牽牛《けんぎゅう》」は、牛に導かれて天女と結ばれ、その後引き離された彦星を指す。「牛」と「悲劇」という共通項で、善光寺と牽牛子塚古墳が結びつく。偶然にしても、じつに因縁深い。

それはともかく、斉明、天智、天武の時代と言えば、天皇が絶大な権力を獲得したことで知られている。それは「王家が実力でもぎ取ったから」ではなく、権力が王家に仮託されたからだろう。すなわち、豪族の私有地、私有民をいったん国家が吸い上げるという律令制度導入の大鉈《おおなた》を振るう瞬間、「健全で中立公平な独裁者」を必要としたのだ。

しかし、打出《うちで》の小槌《こづち》を悪用する者が現れれば、国家は傾く。それが、中大兄皇子であった。中大兄皇子は斉明天皇のもとで実権を握ると、無謀な百済遠征を敢行している。斉明天皇が亡くなられたのは、遠征先（福岡県朝倉市）でのことだった。

この後大海人皇子が天下を掌握し、改革事業は断行されたのだが、中大兄皇子の仕掛けた権力闘争は、古代日本に無駄な空白を作り上げ、国家は疲弊してしまった。

## 32 「タイガーマスク」か「光明子」か

### 慈善事業の古代史

慈善事業の歴史は古い。たとえば奈良時代の僧・行基はボランティアで道を整備し橋を架け、行き倒れになった人々を救済した。また、貴族層の独占物だった仏教を、庶民の信仰に広めた。

また、権力者藤原不比等の娘で、聖武天皇の皇后だった光明子は、現代風に言えば、億万長者の箱入り娘で、しかもファーストレディに登りつめ、なに不自由なく生活していたが、ある時期を境に慈善事業に没頭していく。

いったい何が、光明子を突き動かしたのだろう。

光明子が「温室《うんしつ》の功徳《くどく》」を施したことは有名だ。湯屋《ゆや》を建て、貧しく病む者たちの垢《あか》を落とした。『元亨釈書《げんこうしゃくしょ》』（鎌倉時代末の日本仏教史書）には、光明子は病人の膿《うみ》を吸い取ったとも記される。これは、作り話だが、光明子が慈善事業を行なったことは、事実だ。父・藤原不比等からもらい受けた大邸宅を寺に改造し（奈良市の法華寺）、また、施薬院《せやくいん》と悲田院を設け、薬草を病人に与え、孤児を集め養った。

さらに、かつては天皇権力の象徴とみなされていた東大寺も、「庶民のための庶民《こん》による大寺院」であった可能性が高まっている。というのも、聖武天皇が東大寺建立《りゆう》を思い立ったのは、河内の智識寺を観《み》て感動したからだ。智識寺とは、名もなき人々の寄進によって建立された寺で、聖武天皇はその姿勢に感動し、光明子が背中を押して、東大寺建立が発願《ほつがん》されたのである。

**慈善事業の端緒は「長屋王の祟《たた》り」**

名門子女の青臭いスタンドプレーと侮《あなど》ることなかれ。聖武天皇と光明子は本気だった。二人は、国家安泰と民の幸せを真摯《しんし》に願った。だからこそ、前代未聞《みもん》の国家プロジェクトは完遂できたのである。

ただ、発端は敬虔《けいけん》な信仰や善意ではなく、恐怖心である。

天平時代は、天変地異が連続して起こる不安な時代であった。地震や干魃《かんばつ》、疫病《えきびよう》の流行が、代わる代わる人々に襲いかかった。そして、聖武天皇は、なにかことが起きるたびに、「私のせいだ」「すべては私の不徳によるものだ」と、自虐的な詔《みことのり》を発し続けた。実は、くり返される災異は祟りと信じられ恐れられていたのであり、その原因を造った責任を、聖武天皇は感じていたのである。

光明子の慈善事業も、理由は同じだった。光明子の建てた寺の名が「法華《ほっけ》滅罪之《めつざいの》寺《てら》」であったことが、雄弁に物語っている。光明子の慈善事業は、「罪滅ぼし」だったのである。

「馬鹿《ばか》らしい」と、失笑することなかれ。古代人にとって「祟り」とは、現実に起こる恐怖だった。そして、聖武天皇には、祟られるいわれがあった。

聖武天皇は藤原氏が育て上げた天皇で、母と正妻はそれぞれ、藤原不比等の娘の宮《みや》子《こ》と光明子だ。取り巻きは、藤原不比等の四人の男子（武智麻呂、房前《ふささき》、宇合《うまかい》、麻呂）で、彼らは政敵・長屋王を一族滅亡に追い込んだ。

実は、天変地異が始まったのは、長屋王の死ののちのことだった。極みは、天平九年（七三七）に天然痘が猛威を振るい、件《くだん》の藤原四兄弟が、ほぼ同時に死んでしまったことである。誰もが、長屋王の祟りを連想したのである。

長屋王処刑の最高責任者は聖武天皇であり、藤原氏だけでなく、聖武天皇や光明子は「祟る長屋王」に震え上がった。長屋王を追いつめた主犯格四人が、いっぺんに滅亡したのだ。どんなホラー映画よりも恐ろしい。

何のことはない。奈良時代の慈善事業の端緒は、身から出たサビだったのだ。

ただしこのサビ、思わぬ副産物を生み出している。聖武天皇はここから「反藤原派」に転向し、「反権力志向」を強め心の底から仏教に帰依《きえ》していく。そして、反骨の乞食坊主・行基を抜擢《ばつてき》した。行基は日本各地を歩き回り、人々を救済するとともに、東大寺建立に参加するよう呼びかけた。こうして、国家の安泰と民の幸せを願った東大寺建立が始まるのである。

東大寺大仏殿が焼けるたびに再建されてきたのは、この寺が天皇と民の手で国家と民のために造られたからであり、日本の慈善事業の歴史がここに凝縮されていたからである。

## 33 混迷の時代に求められた女性リーダー

### 卑弥呼、台与《とよ》、推古天皇

日本史の原点、古代史をふり返ってみると、ピンチのたびに、女王、女帝が求められていたことに気付かされる。たとえば卑弥呼は、二世紀末、倭国の起死回生の切札として推し立てられている。

もともと倭国に君臨していたのは男王だったが、戦乱が続いた。そこで、卑弥呼が担《かつ》ぎ上げられたのである。

卑弥呼は鬼道《きどう》を駆使し、民衆を惑わしたという。長い戦乱によって道しるべを失った民は、神の言葉を求め、女王のカリスマ性にすがったのだろう。

巫女《みこ》は神の言葉を仲介すると信じられていた。政治を「マツリゴト」というのは、古代の神事と政治が、不可分だったからで、為政者や民が困り果てたとき、巫女の一言が、政治を動かす力をもったのだ。

興味深いのは、邪馬台国の卑弥呼と台与、ふたりの女王の時代に前方後円墳という埋葬文化が各地で共有されていくこと、そして前方後円墳体制が終わる六世紀から七世紀に再び女帝の時代がやってくることだ。初の女帝・推古天皇（在位五九二〜六二八）が登場して以降、八世紀まで女帝林立の時代が続く。

前方後円墳体制は女王の時代にはじまり、三百年後、女帝の時代に幕を下ろしたのだ。これは偶然なのだろうか。そうではあるまい。前方後円墳を頂点とするヒエラルキーの消滅は、社会体制の激変を意味する。すなわち、女王や女帝は、時代の過渡期に登場していたことになるのである。

ここで指摘しておきたいのは、前方後円墳体制とは、王家や首長（豪族）たちにとって便利な徴税システムでもあった、ということである。

民を支配する王や首長は、前方後円墳の墳丘上で祖神の霊を継承するが、目立つ場所で大仰に神事を執り行なうのは、偉大な神、偉大な王の姿を民に見せつけ、権威づけをするためだ。

民は収穫した穀物の一部を、首長霊（神）に捧《ささ》げた。奉納された穀物に神の力が宿り（種籾《たねもみ》）、豊作を約束された種籾の一部は、民に再分配された。これが税の原始的な姿であり、だからこそ政治と宗教は、密接につながっていたのだ。

ところが前方後円墳体制は、次第に欠点が目立つようになった。広大な土地と民を支配する豪族ばかりが栄え、王家の力は、相対的に弱まる一方だった。また、朝鮮半島情勢が混迷を深める中、「国家の迅速な意志」が求められたのである。

六世紀に蘇我氏が台頭し、推古天皇が即位すると、前方後円墳体制は終焉《しゅうえん》し、中央集権国家造りのために、朝廷が動き出した。この努力が、のちに律令制度となって実を結ぶことになる。

つまり、ヤマト建国前後の女王の時代、前方後円墳体制が築かれ、弥生時代の混乱は鎮《しず》まり、三百年後の女帝の時代、前方後円墳体制は解体され、中央集権国家造りが始まった。巨大な前方後円墳を権威の象徴とする時代は終わったのだ。

## 男性の論理が破綻《はたん》したとき

推古天皇以降、皇極（斉明）、持統、元明、元正と、次々と女帝が誕生したのは、新制度導入過程の混乱と無縁ではあるまい。やはり、女王や女帝と社会の変革は、強く結びついていると考えるのが妥当だろう。

ではなぜ、渾沌《こんとん》の時代に、改革のための女王や女帝が求められたのだろう。そしてなぜ、女王や女帝は、期待にこたえることができたのか。

推古女帝出現とほぼ同時に、仏教が興隆したのは、前方後円墳体制を分解するためにも、新たな信仰と論理が必要となったからだろう。その一方で、日本で最初に出家した（させられた）のが女性だった事実は、無視できない。「神を祀《まつ》るのは女性」という古い慣習は捨てきれず、尼僧が尊重されたのだ。

そしてこの時、女帝が求められたのも、「政治と宗教の強いつながり」という因習ゆえだろう。改革のために、女性の霊性とカリスマ性が求められたのだ。『元興寺伽《がんごうじが》藍縁起幷流記資財帳《らんえんぎならびにるきしざいちょう》』によると、推古天皇は、仏教に深く帰依し、争乱を信仰の力で平和裡《へいわり》に解決したという。

すなわち、具体的な政務に携わってこなかった女性を王に担ぎ上げたのは、男性社会が築きあげてきた慣習やしがらみ、絡《から》み合った利権を、根底から覆《くつがえ》すことを期待されたからだろう。俗権力を超越した立場にあった女性だからこそ、男性の論理の虚を突き、「託宣」が威力を発揮したに違いないのである。

また、古来女性には万物を生み出す力があると信じられてきた。ヤマト建国の前後と律令制度導入に際し、女王や女帝が求められたのは、男性の論理が破綻したとき、女性の「産み出す力」によって、世の中は再生できると考えたからだろう。これが、民族の三つ子の魂であった。

# 34 聖武天皇の「歯」が示す本当の夫婦仲

## 夫を掌《てのひら》の上で弄《もてあそ》び……

二〇一一年一〇月、東大寺に待望のミュージアムが完成した（東大寺総合文化センター内）。東大寺の仏教美術と言えば、すぐに思い出すのは大仏さまと南大門の運慶、快慶作仁王像。しかし、東大寺には他にも西大門勅額、八角燈籠火袋羽目板《はっかくどうろうひぶくろはめいた》をはじめ、数々の知られざるお宝が埋もれていた。これまで宝物館がなかったのが不思議なぐらいだ。至宝の数々を常設展で拝観できるのだから、これほど嬉《うれ》しいことはない。

そして、ミュージアム開館を待っていたかのように、新たな事実が報告された。明治時代の大仏殿修理に際し、聖武天皇の遺愛品と見られる刀剣などの鎮壇具（建物に災いがないように祈り、清める仏具）とともに須弥壇《しゅみだん》の地下から出土していた人間の歯が、聖武天皇のものではないかというのだ。分析してみると、第一大臼歯《だいきゅうし》（右下あご部分）で、熟年男性の歯と判明した。埋めたのは光明子であろう。

それにしても、なぜ歯を埋めたのだろう……。

縄文時代の日本列島では、抜歯の習俗があって、弥生時代になっても、木製品に歯を埋め込む例がみつかっている（青谷《あおや》上寺地《かみじち》遺跡、鳥取県鳥取市青谷町）。東大寺の歯も、縄文時代から継承された、伝統的な呪術《じゅじゅつ》なのかもしれない。

聖武天皇は都を離れ各地を転々としたため、史学者から「ノイローゼ気味ではないか」と、酷評されてきたものだ。しかも聖武天皇は、「光明子に操られていた」というのが定説となっている。聖武天皇の母・宮子《みやこ》と光明子、どちらも藤原不比等の娘だから、聖武天皇は「藤原体制を維持するための傀儡《かいらい》」にすぎず、光明子に逆らうことはできなかったというわけだ。

また、光明子は奔放な女性だったようだ。たとえば中世文書『今昔物語集』は、光明子は僧・玄昉《げんぼう》をことのほか寵愛《ちょうあい》したため、巷《ちまた》ではあらぬ噂《うわさ》がたっていたと記す。梅原猛《たけし》氏も、玄昉と不倫関係にあったのではないかと疑う（『海人《あま》と天皇』新潮文庫）。

聖武天皇と光明子の間の子・称徳天皇は、怪僧・道鏡とねんごろとなり、道鏡を天皇に立てようとさえした。独身女帝のご乱心だ。こちらも話に尾鰭《おひれ》が付き、道鏡巨根伝説が生まれた。

光明子と称徳天皇の母子が、流転する政局の中で、男をたぶらかし、権力掌握のための道具にしていた可能性は否定しきれない。少なくとも、醜聞は、当時面白おかしく囁かれていたのだろう。夫の頼りない行動に愛想を尽かした男勝りの妻——。光明子は藤原の女として聖武天皇を掌の上で弄び、自由に操っていた。これがかつての常識だった。

## 「藤原の女人」を装《よそお》った？

しかし筆者は聖武天皇と光明子の実像と二人の関係は、定説とはかなり違うものなのではないかという考えをもっている。近年、聖武天皇に対する評価は変化しつつある。謎《なぞ》の彷徨《ほうこう》（関東行幸）にしても、曾祖父・天武天皇の壬申の乱（六七二）の行程をなぞっていることが分かってきた。藤原氏に対し反旗を翻《ひるがえ》す目的があったのかもしれない。壬申の乱で、藤原氏は壊滅的打撃を受けた。東大寺建立《こんりゅう》も「天皇の独善」ではなく、庶民の自主性を促した国家事業であった。そして、聖武天皇の背中を押したのが、光明子である。

光明子は、「藤原の女人」を装いつつ、藤原氏の魔の手から、夫を守ろうとしたのではないか、というのが筆者の仮説である。

当時の藤原氏は、楯突《たてつ》く者は、皇族でも容赦なく抹殺していた。夫の命を守るために、光明子は仮面を被《かぶ》って「藤原の女人」を演じていたのではないだろうか。

光明子は、次の歌を残している（『万葉集』巻八―一六五八）。

わが背子《せこ》と　二人見ませば　幾許《いくばく》か　この降る雪の　嬉しからまし

夫聖武と二人並んで眺めれば、この降る雪も嬉しいでしょうに――権力の頂点に君臨した男勝りの女人とは思えない、無防備で無邪気な歌だ。

光明子が夫の遺愛の品を正倉院に封印してしまったのも、夫の歯を東大寺の地下に埋めたのも、光明子の聖武天皇に対する秘められた深い愛情の証拠と思えてならない。豪奢《ごうしゃ》な遺品ではなく、ひとかけらの歯を大仏殿に埋めたところに、見栄《みえ》や虚栄ではない、光明子の真心を見る思いがするのである。

# 35　「男系天皇」と「女帝」を考える

## ヤマトの王家の始祖は？

「男系天皇」や「女性宮家」をめぐる問題がくすぶりつづけている。

個人的には、「女性宮家」を創設する必要は無いと考えるが、「男系こそが天皇の伝統的な姿」と決め付けた上での議論には、違和感を覚える。歴史的事実がゆがめられ、「天皇はこうあるべき」という「願い」が、先走っているように思えてならないからだ。

そこで、「天皇と女帝」について、考えてみたい。

日本は複数の女帝を輩出した珍しい国だが、女帝の父が皇統に属していれば、「男系」と判断される。しかし、天皇の歴史を遡《さかのぼ》っていくと、女王にたどり着くのである。

纒向《まきむく》遺跡の発掘調査が進み、ヤマト建国の祖は女王卑弥呼ではないかと疑われはじめている。筆者は、卑弥呼ではなく卑弥呼の宗女の台与《とよ》が「ヤマトの王家の始祖」と考えるが、いずれにせよ、王家の根源に立っていたのは女王だろう。ヤマトの歴史は女王から始まっていたのである。これは理屈ではなく、古代人の信仰なのだ。古代日本人は、女性の「産み出す力」を重視していた。前方後円墳体制という歴史的な画期が女王の時代に始まり、推古女帝の代に終焉したのは、この信仰ゆえであろう。

仏教導入直後、「まず女性が出家した」のも、非常に日本的な現象だったのだ。日本では、「まずはじめに女性が神（仏）の前に立って（神と交わって）、物事を産み出す」のであり、これが、「まつりごと」の基本であった。

そして、長い間、「巫女王《みこおう》が新たな時代を切り開く」という信仰は守られていた。六世紀末以降八世紀まで、推古、皇極（重祚《ちょうそ》して斉明）、持統、元明、元正、孝謙（重祚して称徳）と、六人の女帝が登場した。一般に彼女たちは「幼い皇太子が成長するまでの中継ぎ」と考えられているが、特に推古から持統に至る三人の女帝の場合、中継ぎでは説明がつかない。

天武天皇崩御ののち、多くの皇子が存在したのに、皇后がしゃしゃり出て即位する。これが持統天皇で、持統は即位の正当性を証明するために、頻繁に霊地・吉野を訪ね、「聖なる女」に変身しようと努めた。『日本書紀』も、持統天皇を高天原広野姫天皇《たかまのはらひろのひめのすめらみこと》と称《たた》え、女神・天照大神になぞらえている。目的は、持統天皇を「始祖王」に仕立て上げることだろう。

## 「万世一系」の幻想

また、天皇は男系で続いてきたことになっているが、これは相当に疑わしい。

古代史の中で、「天皇家は何回も入れ替わった」と、多くの学者が唱えるが、その一方で、女帝と王朝交替の仮説は、提出されなかった。かろうじて、「継体天皇は新王朝だとしても、前王家の娘を娶《めと》って（聟入《むこい》りして）王家は継承されたのではないか」と考えられるようになった。この場合、継体天皇が越《こし》の豪族とすれば、男系は一回途切れていることになるが、それよりも大切なことは、七世紀に「女帝を利用した王朝交替」が起きていたのではないかと思えることだ。

たとえば皇極（宝皇女《たからのひめみこ》）の初婚の相手は蘇我系の皇族・高向王で、漢王を生んでいた（『日本書紀』には漢皇子《あやのみこ》。しかし生まれた時は「王」であった）。皇極が蘇我全盛期に玉座に据えられたのは、高向王が実際には「蘇我系有力豪族」で、「蘇我氏の子・漢王を皇子や皇太子にするためには、宝皇女の即位が手っ取り早い」という計算があったのではないかと、筆者は疑っている。そして、漢王こそ、大海人皇子（天武天皇）の正体ではないかと考えている。

『日本書紀』皇極三年（六四四）一一月条には、蘇我の館を「宮門《みかど》」と呼び、蘇我の子らを「王子《みこ》」と呼んだといい、これを蘇我氏の専横と訴えるが、既成事実として、すでに「蘇我氏が皇族」になっていた可能性が高い。父が蘇我氏で、母が宝皇女なのだから、漢王が即位すれば、ここで、「男系は途切れた」わけである。継体天皇につづき、二度目の断絶である。

漢王即位は無血クーデターに匹敵する政変であり、蘇我系の新王家の誕生を意味した。ただし、中大兄皇子（天智天皇）の蘇我入鹿暗殺によって漢王の即位は阻止された。そして、のちに漢王（大海人皇子）自身が、壬申の乱を制して、新たな蘇我系の王家を立ち上げたのだと、筆者は推理する。この仮説が正しければ、天武天皇即位の時点で、いったん男系の流れは絶え、天武天皇崩御後、天智天皇の娘である持統天皇の即位で、また元の男系に戻ったことになる。

天皇が男系のみによる「万世一系」で続いてきたというのは、『日本書紀』が唱える創作、幻想にすぎまい。そして、そもそもヤマトの始祖は卑弥呼、台与に行きつく可能性がある。「天皇は男系」という単純なくくり方では、古代の天皇の本質を見誤る。女性から物事が始まっていた時代が、確かにあったのである。

# 36 天照大神は女神なのか？——伊勢神宮の謎

## 巫女《みこ》が太陽神そのものに

二〇一三年一〇月、伊勢神宮で二十年に一度の式年遷宮が行なわれた。正殿と御垣《みかき》内《うち》の建物が造り替えられるのだ。持統四年（六九〇）に始められて以来、千三百年の歴史を誇っている。社殿も、おおよそこのころ整えられたと考えられている。

最高の社格を誇る伊勢神宮は、多くの人々を魅了してきた。江戸時代には御蔭参《おかげまい》りが流行《はや》り、日本各地から人が押し寄せた。

ドイツの建築家ブルーノ・タウト（一八八〇～一九三八）は、ほとんど直線だけで造形された社殿（唯一神明造《ゆいいつしんめいづくり》）そのものの美しさを絶賛し、著書『日本美の再発見』（岩波新書）の中で、「完成した形の故《ゆえ》に全世界の讃美《さんび》する日本の根原」と評している。

大自然に包み込まれた静謐《せいひつ》な境内は、日本人の魂の拠《よ》り所とも考えられている。

アニミズムと多神教の信仰と伝統は、まさに伊勢神宮に残されているといっても過言ではない。

しかし伊勢神宮は、謎のベールにつつまれている。不思議なことばかりなのだ。たとえば内宮《ないくう》の祭神・天照大神《あまてらすおおみかみ》は男神としか思えないのに、『日本書紀』は女神と主張している。

神話の中で天皇家の祖神・天照大神は、最初、大日孁貴《おおひるめのむち》の名で登場する。これは、太陽神を祀《まつ》る巫女のことで、いつの間にかこの巫女が天照大神と名を変え、太陽神そのものに化けるのだ。巫女＝大日孁貴が祀っていた最初の太陽神が男神であったことは、『日本書紀』自身が認めていることになる。

天照大神の性別は、伊勢神宮に奉仕する「斎王《いつきのみこ》」を見ればはっきりとする。斎王は天皇の親族で、未婚の女性が任命される。任を解かれても、生涯独身を貫くことが原則だった。斎王は伊勢の神の妻になると考えられていたのだ。

鎌倉時代の僧・通海《つうかい》が書いた『通海参詣記《さんけいき》』には、不思議な話が載っている。伊勢の神を祀る斎王の寝床の上には、毎朝必ずウロコが落ちていて、伊勢の神が蛇の姿で通って来るというのだ。

天照大神は「独り身で寂しい」と託宣を下し、朝夕の御饌《みけ》（食事）を奉《たてまつ》る神として丹波から女神・豊受大神《とようけのおおみかみ》を迎えよと告げ、この神が伊勢に勧請《かんじょう》された。神託の意味を忖度《そんたく》すれば、異性を求めたとしか考えられない。やはり、伊勢の祭神は、男神である。ならばなぜ、『日本書紀』は、天照大神の性別を間違えてしまったのだろうか。

## 『日本書紀』との関係

興味深いのは、伊勢神宮の成立が七世紀末で、『日本書紀』編纂が八世紀前半と、ほぼ同じ時期だったことだ。正史編纂そのものが、大きな転換期を暗示しているのだから、無視できない。伊勢神宮が創建されたころ、信仰と政治の根幹を揺るがす、大きな地殻変動が起きていたはずなのだ。

『日本書紀』編纂時の権力者は中臣（藤原）鎌足の子・藤原不比等だ。この親子の手で、政権は、蘇我氏から藤原氏に移った。これは、「政権交代」である。

藤原不比等は、「蘇我氏の正義」を、ことごとく否定する作業に取りかかった。その過程で、天照大神は女神にすり替えられてしまったのではないだろうか。筆者には、伊勢神宮の謎を解く鍵《かぎ》を握っているのは、蘇我氏なのだと思われてならない。

なぜか蘇我氏は出雲と深い縁で結ばれていた。そして、「出雲の神は伊勢の神」という言い伝えがあるのだから、興味が尽きない。

謡曲「三輪《みわ》」は、出雲系の大神《おおみわ》神社（奈良県桜井市）の伝承を元につくられているが、その中で三輪の神が「思へば伊勢と三輪の神、思へば伊勢と三輪の神、一体分身の御事《おんこと》、今さら何と磐座《いわくら》や」と述べる件《くだり》がある。「伊勢（天照大神）と三輪（大神神社の大物主神《おおものぬしのかみ》）が一体分身のことなど、なぜ今さら改まって述べることがありましょう」というのだ。

出雲の大物主神はれっきとした男神だ。箸墓に眠る倭迹迹日百襲姫命《やまとととひももそひめのみこと》は大物主神の妻だ。ならばなぜ、大物主神と天照大神が同一という話が、大真面目《おおまじめ》に語られてきたのだろう……。伊勢で祀られる本当の太陽神は、もともと出雲系で、男神だったのではないだろうか。そして、蘇我氏が祀っていたがゆえに、何らかの理由で女神へと変えられてしまったのではないか。

「そんな馬鹿な」

と思われるかもしれない。しかし、六世紀から七世紀にかけての蘇我系の王家は、なぜか「トヨの女神」と強く結ばれていて、「トヨの女神」が祀る太陽神が、伊勢の神だった可能性が高いのだ。伊勢外宮《げくう》の祭神が「豊受大神」で、内宮の天照大神が、「独り身で寂しいから呼び寄せた」という話、ここに来て、深い歴史に根ざしていた可能性が出てくる。伊勢の天照大神の正体は、『日本書紀』によって、すり替えられたのではなかったか。

## 「元伊勢」と呼ばれた檜原神社《ひばら》

神祇祭祀《じんぎさいし》（神道）の本質を知りたければ、伊勢神宮ではなく、三輪山のふもとの檜原神社（奈良県桜井市）に行けばいい。神を祀るには、依代《よりしろ》と注連縄《しめなわ》だけあれば、十分だったのだ。檜原神社が「元伊勢」と呼ばれているのは、大昔、ここで伊勢の神を祀っていたことがあったからだ。伊勢神宮のような立派な社を造るようになったのは、仏教寺院の影響を受けたからなのである。

もっとも、仏教に対抗するためだけに、伊勢に立派な社が建てられたわけではなさそうだ。政治的な理由があった。

『日本書紀』編纂と伊勢神宮造営はリンクしている。歴史編纂が行なわれたのは、政変や政権交代が起きていた証拠で、政権にとって都合の良い歴史が編まれ、新たな宗教観を提示するために、伊勢神宮が整えられたのだ。

ではいったい、具体的に何が起きていたのだろう。何が変わって、伊勢神宮はどのようなメッセージを投げかけたのだろう。なぜ伊勢の天照大神は、女神にすり替えられてしまったのだろう。

ヒントを握っているのは、天武《てんむ》天皇と持統《じとう》天皇の夫婦、そして天武の兄で持統の父親の天智《てんじ》天皇の三人だ。

話は壬申の乱の直前に遡《さかのぼ》る。天智天皇は弟の天武（大海人皇子）を皇太子に立てた。ところが天智は晩年、息子の大友皇子の即位を願い、天武に殺意を抱いたようだ。

これまで述べてきたように、天武天皇は、親蘇我派であった。これに対し、天智は反蘇我派だった。ならば、なぜ天智が天武を皇太子に指名したのかというと、白村江の戦いの大敗北で天智は窮地に立たされていたからだ。蘇我氏や親蘇我派の皇族の協力を得なければ、政権を維持できなかった。

最晩年、天智天皇は「できれば天武を排除したい」と考えた。身の危険を感じた天武は、吉野に逃げ、天智崩御ののち勃発《ぼっぱつ》した壬申の乱を制した。天武天皇の手で、「親蘇我政権」は、復活したのだ。

そこで謎めいてくるのは、なぜ天武天皇崩御ののち、天智の娘・持統天皇が即位できたのか、ということだ。

天武天皇の遺児は、星の数ほど存在した。だから、その中の誰かが即位すべきであった。「子ではなく妻（持統）」の即位は、不自然だ。しかも持統天皇は即位すると天武朝で干されていた藤原不比等を大抜擢《だいばってき》している。藤原不比等は中臣鎌足の子だから、持統と藤原不比等の組み合わせは、「天智＋中臣鎌足」のコンビの再来だ。

これは、政変ではなかろうか。親蘇我派の天武の王家が、反蘇我派の一味に乗っ取られたのである。

## 持統天皇の権威付け

ここでようやく、話は伊勢神宮に戻っていく。注目していただきたいのは、持統天皇の和《わ》風《ふう》諡《し》号《ごう》（死後つけられる尊称）だ。『続日本紀』（七九七）、大宝三年（七〇三）一二月の、持統天皇を火葬したときの記事に「大倭根子《おおやまとねこ》天之《あまの》広野《ひろの》日《ひ》女尊《めのみこと》」の名が贈られたとある。これが持統の最初の諡号で、そのあと養老四年（七二〇）に『日本書紀』編者が諡号を「高天原広野姫《たかまのはらひろのひめの》天皇《すめらみこと》」にすりかえたのだ。前者は明らかに、高天原から下界を見下ろす天照大神を意識した名である。『日本書紀』は、持統天皇のイメージを天照大神になぞらえようとしたのである。

生前の持統天皇は、異常な回数の吉野（宮滝）行幸を繰り返した。聖地に通い、神になろうとしていたようなのだ。そして死後、夢はかなった。持統天皇は「あたかも天照大神のような諡号」を手に入れることができたのである。

ここに、伊勢神宮と天照大神をめぐる謎解きのヒントが隠されている。持統天皇と藤原不比等こそ、女神・天照大神を創作し伊勢神宮を創祀《そうし》したプロデューサーであろう。

持統天皇を天照大神になぞらえ、女神を中心とした神話を構築することによって、女帝・持統の王家が創設されたのだ。つまり天武の王家は、いつのまにか、持統女帝から始まる天智系の王家にすり替えられていたのだ。伊勢神宮というからくりが用意されたのも、「女帝・持統＝女神天照大神」の権威付け、既成事実化にほかなるまい。

持統天皇崩御《ほうぎょ》ののち明治天皇に至るまでの歴代天皇の誰一人として伊勢に参拝されなかったのは、天皇家自身が、「女神の天照大神」をニセモノと知っていたからだろう。

## 37　合葬された「天武・持統天皇」の本当の仲

### 広く流布《るふ》された夫婦愛

二〇一三年一一月一四日、宮内庁から両陛下の葬送と御陵にまつわる発表があった。国民生活に負担をかけたくないという両陛下のお気持ちを尊重し、陵墓の規模は縮小されることになった。

また、今上天皇が皇后陛下との合葬を望まれ、かたや皇后陛下は「畏《おそ》れ多い」と、遠慮された。仲睦《なかむつ》まじい両陛下の様子を拝見していると、心情的には、合葬も認めるべきではないかと思ってしまうが、ことはそれほど単純ではない。天皇陵に皇后陛下を合葬すれば、民間人を天皇と同等に祭ってしまうことになるからだ。

結局、天皇陵のすぐそばに小振りな皇后陵を造営することで落ちついた。現状では、これがもっとも合理的で納得できる結論であろう。

天皇と皇后の合葬には前例がある。それが、天武《てんむ》・持統陵《じとうりょう》（奈良県高市郡明日香村）で、新聞記事で引き合いに出された。夫の陵墓に入ることを願った持統の行動は、美談として語り継がれているが、これは、大きな勘違いだ。事情は複雑なので、順を追って説明しよう。

天武の皇后・鸕野讃良皇女《うののさららのひめみこ》（のちの持統天皇。以下「持統」）の父は天武の兄・天智天皇だ。

さて、天武は兄・天智天皇崩御ののち壬申の乱を制し玉座を獲得すると、持統を皇后に立てた。系図だけを見れば、結束の固い華麗なる一族ということになる。『日本書紀』には、仲睦まじい夫婦の様子が描かれる。「皇后は最初から最後まで天武天皇につき従い、意見を述べ補佐し、共に天下を定めた」といい、持統が発病すると天武は仏寺造営を発願し、百人を得度（出家）させた。これが薬師寺創建説話で、天武が病の床に伏せると、今度は持統が平癒を願ったのだろう。百人を得度させた。

天武崩御後持統が即位したのは、愛する天武の遺志を継ごうとしたからだろうと考えられている。大宝二年（七〇二）一二月、持統は五十八年の生涯を閉じ、天武の眠る檜隈大内　陵《ひのくまのおおうちのみささぎ》に合葬されたのだった。

天武と持統の夫婦愛の物語は、史学界も認めているし、マンガにもなって、古代史ファンの常識になっている。しかし、歴代天皇の中で、これほど夫婦愛を強調された例は他になく、『日本書紀』の記事は、かえって胡散臭《うさんくさ》い。美談の裏には、たいがいの場合、何か事情が潜んでいるものだ。

## 実は仮面夫婦？

筆者は天武と持統が仮面夫婦だったとにらんでいる。根拠はいくつもある。まず、天武と持統の父・天智は、犬猿の仲だった。

酒宴の席で天武は床に槍《やり》を突き刺し、天智は激怒して斬《き》り殺そうとした（『藤氏家伝』）。理由は単純なことで、天智は反蘇我派、天武は親蘇我派と、両者は相容《あいい》れぬ政敵であった。それにもかかわらず天智が天武を皇太子に指名したのは、後で述べるが、白村江の敗戦（六六三）という大失政によって天智は批難され、困窮していたからだ。天武と蘇我氏の協力がなければ政権を維持できなかったのである。

その一方で天智は最晩年、息子の大友皇子に皇位を譲りたいと野心を抱き、天武を罠《わな》にはめようとした。身の危険を感じた天武は出家して近江の都（滋賀県）を去り、吉野で遁世《とんせい》を決めこんだ。

天智崩御ののち、大友皇子と天武は激突した。蘇我氏の協力を得て勝利した天武は、蘇我氏の地元・飛鳥に都を戻し即位した。天智の娘・持統を皇后に立てたのは、政敵に対する懐柔策とみなすと、すっきりする。天武は遅れていた律令整備を一気に押し進めようとしたから、一人でも多くの味方を必要としたのだ。

天智と天武の対立の図式が分かってくると、新たな謎《なぞ》が生まれる。なぜ天武崩御ののち、天武の御子ではなく、持統が即位したのか、ということだ。しかも、持統は、中臣（藤原）鎌足の子・藤原不比等を大抜擢している。持統と藤原不比等のコンビは、天智と中臣鎌足とそっくりだ。壬申の乱で倒した政権が復活したことになる。だから持統の即位と藤原不比等の台頭は、「静かなクーデター」といっても過言ではなかった。

持統は「天武の遺志を継承する」素振りを見せたが、これは方便で、実際には天智系の王家にすり替わっていたのだ。その証拠に、持統は天智天皇陵を藤原京大極殿の真北に造営して父・天智天皇を太一《たいいつ》＝北極星（皇帝）になぞらえ、権威を高めるカラクリを用意していた。持統は天武の王家を乗っ取ったのである。

『日本書紀』が天武と持統の夫婦仲を必要以上に強調したのは、持統が夫を裏切っていたことを覆《おお》い隠すためだ。『日本書紀』が若き日の天智（中大兄皇子）と中臣鎌足を礼讃《らいさん》し英雄視するのは、持統と藤原不比等の目論見《もくろみ》が「天智の復権」にあったからで、天武はコケにされたのだ。その一方で、持統を天武陵に合葬したのは、ふたりの愛を強調することによって、天武天皇崩御ののちの静かな政変劇を歴史から抹殺するためだろう。

# 38　古来、女性は主役だった

## 「天皇の母のミウチが権力者」

日本の歴史をふり返れば、女性の活躍が目立つ。歴史を動かした女性は、星の数ほどいる。和宮《かずのみや》、日野富子、北条政子《ほうじようまさこ》、光明子、県犬養《あがたいぬかい》（橘《たちばなのみ》）三千代《ちよ》、斉明天皇、推古天皇、卑弥呼など、時代の節目節目に、きら星の如《ごと》く女傑たちが出現した。その中でも古代史は特別で「女性が主役だった」といっても過言ではない。それにもかかわらず、男性が中心だったという歴史観が罷《まか》り通っているのは、いくつもの誤解が重なっているからだ。

たとえば、系図は男性の血脈だけを描く場合が多いが、実際には、「母方」を組み込まないと、正確な人間関係、力関係を知ることはできない。「誰と姻戚《いんせき》関係を結ぶか」「いかに閨閥《けいばつ》を形成するか」が大きな意味を持っていたし、ここに、女性の果たす役割と発言力の源泉があった。

ヤマト建国ののち長い間、実権のない祭司王（大王、天皇）を支えていたのは取り巻きの豪族であり、その中でも、娘を天皇に嫁がせた豪族が、優位に立った。その娘が御子を生み、即位できれば、さらに大きな発言力を獲得できたのだ。蘇我氏も藤原氏も、競って自家の女人を有力な皇子や天皇に嫁がせた。目的は、権力基盤を盤石なものにするためだった。

古代は母系社会だったから、男王に実権を渡さず、「天皇の母のミウチが権力者になる」というシステムは、合理的だったのだ。

古代女性の地位は、われわれが想像する以上に高かった。その理由は簡単なことで、女性は霊的優越性を獲得していたのだ。神の妻（巫女《みこ》）となって神の意志を聞き取ることができると信じられていた。現代人には理解しがたいことかもしれないが、これが古代人にとっての常識だったのだ。

そしてもうひとつ、「姉妹が兄弟の霊的守護者になる」という通念があった。これが、「妹《いも》の力」や「ヒメヒコ制」と呼ばれているものだ。姉や妹が神から授かった霊的な力で、兄や弟を守っていると信じられていたのだ。神武東征の場面で、兄磯城《えしき》・弟磯城《おとしき》、兄猾《えうかし》・弟猾《おとうかし》らのコンビの首長が登場するが、ここにある「兄」と「弟」は、姉と弟か兄と妹のペアを指している。邪馬台国の卑弥呼（巫女）と弟（為政者）の関係がまさにこれで、六世紀にいたっても、ヤマトの王家が「ヒメヒコ制」の伝統を捨てていなかったことは、『隋書』倭国伝の記事からはっきりとする。兄（姉）が未明に宮中で祭祀《さいし》を執り行ない、日が明けると弟が政務を司《つかさど》ったと記録されている。隋の皇帝は、その様子を知って、驚いたという。

女性が「巫女」として重視されていたことは、仏教公伝の直後、まず女性を出家させたことからも窺《うかが》い知ることができる。法師寺（男性の僧のための寺。飛鳥の法興寺が最初）の建立《こんりゅう》が尼寺よりも遅れたのは、そのためだ。神や仏を祀《まつ》るのは女性という観念があったのだろう。女性の地位の高さ、発言力の大きさは、「神とつながっている」ことに起因していた。

## 霊的な存在

それにしても、なぜこのような信仰が成立したのだろう。

日本人にとって「神」とは大自然そのもので、人びとに災難をもたらし、苦しめる恐ろしい存在だった。この「祟《たた》る神＝鬼《モノ》」に「巫女」を捧《ささ》げたのだ。そして神と巫女は性的関係で結ばれ、融和し、神は和み、幸をもたらす神に変身する……。そう信じられていた。これが、お祭り（祭祀）の起源であり、天皇（大王）の姉妹や親族の女性が巫女（斎王）となり、神から得た力を天皇に注ぐという図式が成立したのだ。これは、王家のみならず、一般女性にも当てはまった。古代女性は、霊的で神につながる存在とみなされ、崇《あが》められたのだ。

また、「政」と書いて「まつりごと」と読むように、「民を支配するには、宗教の力を借りねばならなかった」のであり、ここに女性（巫女）の力が求められた。地方豪族の娘（采女《うねめ》）が天皇に献上されたのも、霊能力を地方から吸い上げ、中央で管理するという意味合いが濃かった。

ただし七世紀以降、巫女は零落していく。律令制度の導入が画策され、中央集権的な法治国家建設の過程で、「男性中心の社会」が模索されていく。

たとえば、大嘗祭《だいじょうさい》で天皇は、巫女の役割を奪っていたようなのだ。大嘗祭で天皇は天の羽衣（湯帷子《ゆかたびら》）を着るが、これは「女装」で、天皇は神をだまし、性的な関係を結んでいたらしい。その一方で、「天皇は神の末裔《まつえい》」という神話が編み出され、巫女を介在させない系譜（血）による天皇と神のつながりが完成した。

けれどもこれは不自然で、巫女は零落したが、女性の霊的優位性への信仰は、根強く残った。日本人が歴史の転換期に女傑を求めたのは、神とつながった巫女の力にすがりたいという潜在的な信仰心が、ふつふつと沸き起こったからだろう。

# 39 「かぐや姫」が父へ抱いた深い怨念

大塚家具のお家騒動は、娘の大塚久美子社長の勝利で幕を下ろしたが、いつしか久美子氏には「家具屋姫」なるあだ名がつけられていた。じつに洒落《しゃれ》たネーミングだ。もちろん、平安時代初期に成立した『竹取物語』の主人公の名をもじっている。『竹取物語』のかぐや姫と養父・竹取の翁《おきな》の関係は良好だったが、かぐや姫にはモデルとなった女人がいて、父を憎んでいたと筆者はみる。だからこそ、「家具屋姫」はできすぎなのだ。

『竹取物語』はただのお伽話ではなく、諷刺を目的にしている。すでに江戸時代、国学者・加納諸平《かのうもろひら》は、かぐや姫に求婚する面々（石つくりの皇子、くらもちの皇子、あべの右大臣、大伴の大納言、いそのかみの中納言）が『公卿補任《くぎょうぶにん》』（歴代朝廷の閣僚名簿）の大宝元年（七〇一）の段に記録された重臣たちとそっくりだったことを指摘していた。ただし、五人の貴公子の中でただひとり、「くらもちの皇子」だけが、モデルと思われる藤原不比等（中臣鎌足の子）と似ていない。当然史学者は、「無理矢理結びつける必要はない」と決め付けるが、むしろ「そっくりではない」ところに、作者の意図を感じずにはいられない。

「くらもちの皇子」は貴公子の中でもっとも卑劣な人物に描かれている。かぐや姫に「蓬萊《ほうらい》の玉の枝」を要求されると、蓬萊山に赴いたかのように装い、工人たちに玉の枝を造らせ、かぐや姫に贈った。ただ工人たちが支払われなかった工賃をかぐや姫に請求したため「くらもちの皇子」のウソが露顕した。腹を立てた「くらもちの皇子」は、工人たちを殴り倒し、金を巻き上げたのだった。

「くらもちの皇子」と重なる現実の藤原不比等は、他の有力氏族を蹴落《けお》として強大な権力を手に入れ、藤原氏千年の基礎を築き、やがて、藤原氏だけが栄える時代が到来する。そのような中で編まれた『竹取物語』なのだから、藤原氏が批判されるのは当然であった。ただし公然と弾劾《だんがい》すれば、命がいくらあっても足りなかったはずだ。したがって、『公卿補任』の五人の閣僚の中で「くらもちの皇子だけモデルと似ていない」のはむしろ当然のことなのであって、ここに作者の工夫が隠されていたのだ。

**悔い改めた「光明子《こうみょうし》」**

『竹取物語』といえば、スタジオジブリのアニメ「かぐや姫の物語」が記憶に新しい。このアニメには清貧を尊ぶメッセージが込められているように思うが、それは原作にはない。言い寄る五人の貴公子にかぐや姫は無理難題をふっかけ、最後に月の都に戻っていく。原作『竹取物語』の中で「罪を償うためにかぐや姫はこの世に降ろされた」と語られている。その一方で、最後の最後に「こんなに穢《けが》れた世の中にいる必要はない」と、救済されるのだ。この設定、妙に気になる。

かぐや姫のモデルは、藤原不比等の妻・県犬養三千代の娘、光明子ではないかと筆者は睨《にら》んでいる。ヒントは「長屋王の悲劇」と「県犬養三千代の苦悩」だ。

藤原不比等の四人の男子、武智麻呂《むちまろ》、房前《ふささき》、宇合《うまかい》、麻呂は、邪魔になった長屋王を冤罪《えんざい》で滅亡に追い込み、朝堂を牛耳った。しかしこのあと、四兄弟は天然痘であっという間に亡《な》くなり、長屋王の祟りが取り沙汰《ざた》されたのだ。長屋王追い落としの当事者だった聖武天皇と光明子も、震え上がった。こうして光明子は、一族の犯した過《あやま》ちを恥じ、悔い、慈善事業に励んだ……。

この「藤原氏の罪を一身に背負った光明子」の姿は、かぐや姫に通じているが、謎《なぞ》は残る。藤原四兄弟の滅亡後、聖武天皇は反藤原派に豹変《ひょうへん》するが、光明子は黙認していたのだ。いや、むしろ光明子が、積極的に仕向け、聖武の背中を押している……。

そこで大きな意味を持ってくるのが、母親の県犬養三千代ではなかろうか。

県犬養三千代は夫・美努王《みののおおきみ》の単身赴任中に藤原不比等と結ばれ、光明子を生む。このあと県犬養三千代は藤原不比等と手を組み、「藤原独裁体制」の足固めに協力する。このため県犬養三千代を、「やり手の女」「出世のために男を選んだ」とみなす考えもあるが、そうとも限らない。

県犬養三千代が「切れる女性」だったこと、後宮《こうきゆう》（江戸時代でいえば大奥）で活躍していたことは間違いないが、藤原不比等はその力を利用するために、強引に奪い取ったにちがいない。かたや県犬養三千代は、藤原不比等に従ったふりをして、夫や子に危害がおよぶことを避けようとしたのだろう。

県犬養三千代はのちに「橘《たちばな》」の姓を下賜《かし》されるが、美努王との間に生まれた男子が、臣籍降下する際、母親の姓を受け継いでいる。これが、反藤原派の政治家として活躍する橘諸兄《たちばなのもろえ》で、もし県犬養三千代が父・美努王を本当に裏切っていたのなら、はたして諸兄は母の姓を継いだだろうか。母の「つらい立場」を知っていたからこそ、諸兄は「橘」を名乗ったのではないか。

また光明子は、「藤原のために活躍した女性」と信じられているが、これは世を欺《あざむ》くための仮面で、この母子は、ひそかに藤原不比等を恨み、「藤原の穢れた世は早く終わってほしい」と願っていたのではあるまいか。

「かぐや姫（光明子）」と「家具屋姫」は、どちらも「骨肉の内紛」に悩み、苦しんだわけだが、その怨念《おんねん》は前者の方がはるかに深かったことは言うまでもあるまい。

## 40 「言論弾圧」をかいくぐった『万葉集』の重み

### 『日本書紀』が抹殺した歴史

二〇一五年、自民党の勉強会で百田尚樹氏が「沖縄の二紙はつぶさないといけない」と発言し、大西英男衆院議員が「懲《こ》らしめる」と同調したことに関して、「言論弾圧だ」と、批判の声が高まった。ここで言う「言論弾圧」が直ちに効果を発揮することはないように思えるが、古代は大変だった。独裁者による言論弾圧なら、「文句さえ言えない」のであって、「文句を言った者は消されてしまう」のである。政権批判は命がけだったのだ。古代版言論弾圧と、政権批判の歴史をふり返ろう。

『竹取物語』も、平安時代に独裁権力を握った藤原氏を批判する目的で書かれた。登場する貴公子たちは実在の人物と名前や境遇がそっくりだったが、もっとも卑怯《ひきよう》な人物「くらもちの皇子」だけがモデルと目される藤原不比等と結びつかなかった。直接藤原批判をすれば、作者は捕縛されたのだろう。

藤原氏は突然変異のような存在で、ヤマト建国来尊重されてきた合議体制を鼻で笑い、あらゆる手段を駆使して、政敵を闇《やみ》に葬《ほうむ》った。楯突《たてつ》く者、邪魔になった者は、皇族でも容赦しなかった。たとえば長屋王は有力な皇位継承候補だったが、藤原氏のやり方に抗議したために、一家もろとも滅亡に追い込まれている（七二九）。助かったのは、藤原氏出身の夫人とその子だけだ。

権力者・藤原氏は、暴走した。橘奈良麻呂の変（七五七）で藤原不比等の孫の藤原仲麻呂は、天皇が首謀者を許そうとして死刑にできなかったため、拷問《ごうもん》で数人をなぶり殺しにしてしまった。結局この乱によって四百四十三名が処罰され、反藤原派は、ほぼ潰滅《かいめつ》した。

平安時代に入り、承和《じょうわ》の変（八四二）と応天門の変（八六六）で旧豪族勢は、ほぼ没落し、藤原氏の長者は「欠けることのない満月」と豪語した。藤原氏に対してはものが言えない世となって行ったのだ。

現存最古の正史（朝廷の編纂《へんさん》した正式な歴史書）『日本書紀』は西暦七二〇年に編纂されたが、この段階で藤原不比等はほぼ全権を掌握していて、だからこそ『日本書紀』は、藤原不比等の父の中臣鎌足を古代最大の英雄と絶賛しているわけである。

多くの豪族、貴族、皇族は、藤原氏を恐れ、嫌っていたから、このあとに記された稗史《はいし》（民間の歴史書）は、『日本書紀』によって抹殺された歴史の真相を暴露するために、ありとあらゆる手段を用いている。権力者の目をかいくぐって、真実をのちの時代に伝えようとした。多くの文書に、涙ぐましい努力がみてとれる。

## 「石川郎女《いしかわのいらつめ》」の正体は「蘇我氏」

独裁者の歴史改竄《かいざん》に真っ向から立ち向かったのは、『万葉集』だ。たとえば、『日本書紀』は天照大神がもっとも大切な神と歌い上げるが、『万葉集』はほぼ天照大神を無視して、出雲神の時代が「神代《かみよ》」だったと記録している。

『万葉集』編纂の中心に立っていたのは大伴家持だが、大伴氏の不運は、有力豪族が没落していく中、最後まで生き残り、藤原氏と敵対し、ことあるたびに弾圧されていったことだ。大伴家持は「力では勝てない」と思い知らされ、一族に「おとなしくしていよう」と呼びかけているが、『万葉集』の中で、多くの隠喩《いんゆ》やら暗示を用いて、「藤原氏が何をしてきたのか」を、伝えようとしている。もっとも分かりやすいのは、石川郎女の歌であろう。『日本書紀』によって隠蔽《いんぺい》された大津皇子謀反《むほん》事件（六八六）の裏側が、暴露されている。藤原不比等が出世するきっかけをつかみ、天智天皇の娘・鸕野讃良《うののさらら》皇后（のちの持統天皇）が天武の王家を乗っ取った事件である。

巻二―一〇七～一一〇の歌は、大津皇子と石川郎女の密会、最後に、草壁皇子の石川郎女に贈った次の一首「大名児《おほなこ》を 彼方野辺《をちかたのへ》に 刈る草《かや》の 束の間《あひだ》も われ忘れめや」で一つの物語になっている。ここで草壁皇子は、石川郎女が忘れられないと嘆いている。つまり、草壁皇子の恋人だった石川郎女を、大津皇子が寝取ったということになり、通説もほぼそう考えている。大津皇子がワナにはめられて殺された遠因は、この恋の鞘当《さやあ》てだったという説もある。ただし、『万葉集』が本当に言いたかったことは、まったく異なる。石川郎女の寿命が長すぎて、世代を超えて歌が歌われていること、多くの男性を誘惑する色情狂として描かれているという点が、ミソなのだ。ここに、「『万葉集』編者の意図」が隠されている。

ここであえて石川郎女をひとりの人物と仮定してみると、興味深い。「女の一生」があぶり出される。「最初はモテモテ」「男が奪いあい」そして、最後には大伴田主《おおとものたぬし》なる奈良時代に実在した「イケメン」を誘惑するも振られてしまい、「野暮な方」と負け惜しみを言って、消える。大伴田主にまつわる話、どこか実際の大伴氏の命運に似ている。藤原氏と主導権争いを演じるが、名家ゆえのもろさを露呈し、大伴家持などは、旧豪族層からの反藤原闘争の誘いも袖《そで》にし、結局衰退していくのだ。

さて、問題は「石川」だ。蘇我氏はある時期から姓を「石川」に改めている。とすれば、「石川郎女」は「蘇我氏」の隠語として捉《とら》えるべきではないだろうか。石川郎女の色狂いは、藤原氏と暗闘をくり広げていた蘇我氏が、共闘の相棒を探していたと読み解くことができる。大津皇子と草壁皇子の石川郎女争奪戦も、石川郎女を「蘇我氏」とみなせば、大津皇子謀反事件の全貌《ぜんぼう》が明らかになってくる。

すなわち、天武天皇亡き後、鸕野讃良皇后は息子の草壁皇子の即位を願ったが、蘇我氏（石川郎女）が大津皇子支持に回ったので、鸕野讃良は実力（陰謀）で大津皇子を葬り去ったということだろう。草壁皇子がその後二年数カ月即位できずに病死してしまったのは、蘇我氏らがヘソを曲げたからだろう。鸕野讃良は、息子の即位を願うあまり、反体制側にいた藤原不比等を抜擢《ばってき》し、天武天皇の大切な跡取り（大津皇子）を抹殺してしまったのだ。後に権力を握った藤原不比等は、この間のいきさつを闇に葬った。そして『万葉集』は、歌の配列と隠語を駆使して、歴史の裏側を暴《あば》いて見せた……。

『日本書紀』は歴史を隠蔽し、改竄した。藤原氏は、真実を暴露しようとする者を、徹底的に潰《つぶ》していったのだろう。逆に反骨精神を抱いた人たちは、あらゆるカラクリを駆使して、真実を後世に残そうとしたにちがいないのである。

# 第5章　戦略と陰謀

## 41　白村江の戦いにみる「地理」と「戦略」

### 日本滅亡の危機

古代日本は、一度滅亡の危機に瀕《ひん》したことがある。それが、白村江《はくすきのえ》の戦い（六六三）である。

一度滅亡した百済《くだら》（朝鮮半島南西部の国）の再起を願い、中大兄皇子は無謀な戦いに挑んだ。民衆が「負けが分かっているのに」とそっぽを向いていたにもかかわらず、である。

はたして、倭国軍は、唐と新羅《しらぎ》の連合軍の前に、完膚無きまでに叩《たた》きのめされた。その時点で、日本列島が、焦土と化す恐れさえあった。幸い、唐と新羅の同盟関係が破綻《はたん》したことによって、日本は救われたのである。

それにしても、なぜ中大兄皇子は、負け戦に猪突《ちょとつ》したのだろう。その理由を探るために、少し遠回りをしておこう。

古代史の謎《なぞ》のひとつに、朝鮮半島から、何世紀にもわたって先進の文物が流れ込んだという事実がある。

一世を風靡《ふうび》した騎馬民族征服説に則《のっと》れば、これは一方的な富と民の流入ということになる。だがこれは、地理と戦略という視点の欠如した誤謬《ごびゅう》である。「朝鮮半島から日本列島を観《み》なければ、本当の歴史は分からない」と、したり顔で言う人々がいる。なるほど、ならば、朝鮮半島の最南端に立ってみよう。

四世紀から七世紀の朝鮮半島は、高句麗《こうくり》、新羅、百済、伽耶《かや》が乱立し、互いに覇を競っていた。弱肉強食の油断のならない緊張に包まれた世界であった。仮に、朝鮮半島のどこかの国が日本列島に触手を伸ばせば、それこそ、隙《すき》をつかれて、領土を隣国に奪われていただろう。

この「にらみ合う四匹の狼《おおかみ》」という図式を頭に思い描けば、日本列島に、一方的に文物が流れ込んだ理由がはっきりとする。朝鮮半島の国々にとって、「誰が日本（倭国）を味方につけるか」が、生死を分けた。そこで、「援軍要請」「同盟締結」のための「貢物《みつぎもの》」「賄賂《わいろ》」が贈られつづけたのである。

日本は東海の孤島で、背後の憂《うれ》いがない。だから、半島の同盟国に軍勢を送り込むことができた。

## 中大兄皇子は選択を誤った？

そこで、中大兄皇子の外交政策の謎について考えてみたい。

倭国は長い間、百済と同盟関係を結んでいた。ところが六世紀後半から七世紀前半にかけての蘇我氏全盛期、政策転換を図り、全方位外交を展開したのである。

そして七世紀、後進地帯だった新羅が急速に勃興《ぼっこう》し、唐に接近した。このため百済はいったん滅亡し、再起を図って倭国にすがったのである。

百済の立場は分かる。しかし、なぜ中大兄皇子は、百済の願いを聞き入れたのだろう。

『日本書紀』には、「入鹿は韓政《からのまつりごと》が原因で殺された」と記されている。韓政とは、朝鮮半島との外交問題であろう。つまり、百済を見放した蘇我氏を、中大兄皇子は倒した、ということになる。百済と新羅は、倭国を味方につけるために、それぞれが倭国内で「多数派工作」を展開し、飛鳥の朝堂は二分されていたのだろう。

たとえば、百済王子・豊璋《ほうしょう》は人質として日本に滞在していたが、この人物が、中大兄皇子をそそのかした可能性は高い。しかもこの人物、その後、中臣鎌足と名を変えた疑いがある（拙著『藤原氏の正体』新潮文庫）。

蘇我氏に圧倒され、国内で劣勢に立たされていた中大兄皇子は、権力に固執したために、百済の謀略に荷担したのだろう。その結果、祖国を滅亡の危機に追いやったとすれば、中大兄皇子の選択は愚劣であった。

あるいは、中大兄皇子は「義」を選んだ、ということになろうか。長年同盟国として手をつないできた仲間が困窮しているのだから、救援するのが、「正義」と感じていたのかもしれない。

だが、一政治家の生半可な正義感が、倭国を滅亡の危機に追いやった可能性は高く、ここに、国際関係の冷徹な現実が横たわる。

島国に住む倭人は長い間海に守られていたから、大陸の弱肉強食の論理とは無縁であった。

## 42 東北と「都」の本当の関係

### 藤原氏が仕掛けた蝦夷《えみし》征討

かつて「小沢ダム」の異名を取っていた「胆沢《いさわ》ダム」は、九世紀の東北蝦夷征討の決戦の場にほど近い。多賀城《たがじよう》と並び東北経営の拠点となった胆沢城は、胆沢ダムの下流に位置する。

西暦八〇二年、坂上田村麻呂《さかのうえのたむらまろ》（征夷大将軍《せいいたいしようぐん》）は当地に赴き、阿弖流為《あてるい》（蝦夷の首魁）を捕らえ、蝦夷の反抗は沈静化する。だが、ここにいたる道のりは、長く険しかった。

蝦夷征討は、八世紀初頭に本格化したから、経略に百年を要している。蝦夷が屈強で、ゲリラ戦を展開したからというのが一般的な見方だが、裏にはもっと複雑な事情が横たわる。

まず、「蝦夷」には実体がない。「蝦夷」という種族がいたわけではなかったのだ。東北地方への入植は、五世紀ごろからはじまり、六世紀、七世紀に本格化した。この結果、縄文的な文化や血は、かなり薄まっていった。八世紀の段階では、東北人は、れっきとした「倭人」になっていたのである。

ところが八世紀前半の朝廷は、彼らを「狩猟しか知らない野蛮人」と決めつけ、夷《い》狄《てき》征討を叫びはじめた。「野蛮で教化に従わない蝦夷」というプロパガンダがでっち上げられた。

どうやら仕掛けたのは、藤原氏のようだ。藤原氏の勃興、発展と蝦夷征討は、同時進行している。それ以前の政権に、蝦夷と争った気配はなく、むしろ親しく交流していた。

たとえば阿倍《あべ》氏は、越《こし》（北陸）に地盤をもち、日本海経由で東北の蝦夷とつながっていた。のちの時代、恭順してきた蝦夷の多くが「安倍《あべ》姓」の獲得を願い、選びとっていくのも、阿倍氏との間に長い交流の歴史があって、「アベ」が蝦夷たちのブランドになっていたからだろう。それはけっして、征服者と被征服者の関係ではない。

## 反藤原派の弱体化が蝦夷征討の目的？

蘇我氏も、蝦夷や「東」と結ばれている。たとえば、蘇我蝦夷という名は「蝦夷」そのものを指し、一族に「武蔵《むさし》」もいた。蘇我氏全盛期、蘇我氏は東国の屈強な兵士をガードマンに起用しているし、蝦夷を飛鳥に招き饗応《きょうおう》し、蜜月《みつげつ》が訪れている。

ところが、藤原氏が権力を握ると、突然東国や蝦夷を敵視しだす。都で不穏な空気が流れると、東国に抜ける三つの関（鈴鹿《すずか》、不破《ふわ》〔関ヶ原〕、愛発《あらち》）を閉ざした。それはなぜかと言えば、それ以前の政権が、「東」と強く結ばれていたからだろう。そして、蝦夷征討の真の目的は、藤原氏に刃向かう旧豪族たちの力を削《そ》ぐためだったのではないかと思いいたる。

朝廷は「夷《い》をもって夷を制す」策を採った。蝦夷と蝦夷を戦わせただけではなく、「東」とつながっている反藤原派を、蝦夷征討の最前線に赴かせたのである。

代表的な例が、大伴氏《おおともし》だった。大伴氏はなぜか、蝦夷や隼人《はやと》ら辺境の民と深く結びついていた。大伴氏が率いていた軍事的部民「久米部《くめべ》」は、九州の隼人ではないかといわれている。大伴氏の枝族・佐伯氏《さえきし》は、恭順してきた蝦夷を管理する氏族でもあり、やはり蝦夷と強く結ばれている。藤原不比等の死の前後、隼人と蝦夷がたてつづけに反乱を起こしているが、裏で糸を操っていたのは大伴氏ではあるまいか。だからこそ藤原氏は、反藤原派と東国のつながりを恐れ、大伴氏らを将軍に任命し、「東」と反藤原派を戦わせ、両者の力を削いだのである。

大伴家持《やかもち》に至っては、六十七歳という高齢にもかかわらず、東北に遣わされ、多賀城で亡くなっている。

西暦七八〇年、蝦夷が大規模な反乱を起こしたとき、朝廷側の現地の責任者は殺されたが、大伴真綱《まつな》は多賀城まで蝦夷に護送され助けられ石川浄足《いしかわのきよたり》とともに逃げたという。ここに登場する「石川」とは、蘇我氏の末裔だ。

蝦夷が「大伴」と「蘇我」を許したのは、互いに相手を敵と見なしていなかったからだろう。東北に派遣された将軍たちに戦意がないのだから、蝦夷征討が長引いたのは、むしろ当然のことである。

何ということだろう。都の権力闘争の道具に、東北地方は振り回され、とばっちりを受けていたのである。

# 43 歴史を変えた「鉄」と「森林」

## 古代日本はどうやって鉄を買っていたのか

国境を越えた資源争奪戦は、今に始まったわけではない。極論すれば、古代のヤマト建国も、「誰が鉄を手にするのか」、その争いだったのだ。

弥生時代後期、鉄鉱石の産地・朝鮮半島南部には、鉄を求めて各地から人が集まり、その中に倭人が混じっていたという。またこの後、大量の鉄が日本列島に向けて輸出されるようになるのだが、当初鉄を独占していたのは、北部九州だった。

ところが、三世紀後半から四世紀にかけてヤマトが建国されると、鉄は一気に東に向かって流れ出す。瀬戸内海勢力が、北部九州を圧倒し、鉄の流通ルートを確保したのだろう。

ところで、鉄の流通には、ひとつの大きな謎が残された。というのも、朝鮮半島南部から鉄がもたらされたことは分かっているが、では日本列島から、見返りに何を送ったのかがはっきりとしない。つまり、極端な輸入超過なのだ。

古代の日本列島には、朝鮮半島から先進の文物が次々ともたらされた。ならばそれは、慈悲や「お恵み」だったのか。あるいは、渡来人が倭国を支配するための、祖国からの支援活動だったのだろうか。

『日本書紀』の神話には、謎解きのヒントになりそうな話が載っている。天界から舞い下りたスサノオは、「韓郷《からくに》（朝鮮半島）には金銀（金属）の宝があるが、日本には浮宝《うくたから》がなければならない」と語ったという。「浮宝」とは、船や建築用の木材を意味している。そしてスサノオは、体中の毛を抜き、各地に撒《ま》き、森林が生まれたという。

この神話を無視することはできない。『日本書紀』の記された八世紀の段階で、朝鮮半島に比べて、日本列島の森林資源が豊かだったことを示している。

古代の中国や朝鮮半島では、冶金《やきん》に精を出すあまり、森林が消滅してしまった。それはそうだろう。一度の製鉄で、大量の樹木が燃料として必要となり、禿《は》げ山がいくつもできたのだ。その結果、古代中国は、天候不順による飢餓、戦乱が頻発し、急激な人口減少に悩まされていたのだ。『三国志演義』で名高い、呉《ご》・蜀《しょく》・魏《ぎ》の闘争の根源には、森林資源の枯渇という、抜き差しならぬ問題が隠されていたのである。

## 古代日本は資源大国だった?

すると、「日本に樹木がたくさん生えている」ことが朝鮮半島の「金銀の宝」と並べて語られていたところに、注目せざるを得ない。すなわち、当時の倭国が、資源大国だった可能性が浮上してくる。日本列島は湿潤な風土に裏打ちされた、再生可能な資源の宝庫であり、燃料の供給源として注目されていたのではなかろうか。豊富な燃料を求めて、朝鮮半島から多くの人間が渡ってきた可能性は高いし、日本から朝鮮半島に、製鉄用の木炭が、輸出されていたことも想定可能だ。

燃料だけではない。倭国には、朝鮮半島が羨望《せんぼう》して止《や》まない「優位性」があった。それは、「背後の憂いがない」ということである。

朝鮮半島北方の騎馬民族国家・高句麗は、南下政策をとり続けた。おそらく、朝鮮半島南部の鉄資源を求めていたのだろう。これに対し、百済、新羅、伽耶《かや》は、必死に圧力をかわし続け、また高句麗の南下が収まれば、互いに反目し、にらみ合ったものだ。そして、倭国に対し援軍を求め続け、倭国もこれによく応《こた》え、何度も出兵をくり返している。

古代の日本は、豊富な森林資源と地理上の優位性を生かして、繁栄の基礎を築いていたのである。

# 44 なぜ日本人は災害にへこたれないのか

大災害を生き抜き復活してきた日本人

日本は災害列島だ。われわれの先祖は、大きな災異を乗りこえ、たくましく生き抜いてきた。日本の歴史は、災害との戦いの連続でもあった。

大災害の痕跡《こんせき》は、いたる場所に残される。たとえば、今から約七千三百年前、鬼界《きかい》カルデラ（鹿児島県）で想像を絶する噴火が起きていた。火山灰は東北地方まで届き、西日本の縄文集落は、壊滅状態に陥っている。

縄文人と言えば、東国を思い浮かべるが、南部九州を中心に、西日本にも、豊かな縄文文化が華開いていた。それが、噴火で霧散してしまったのだ。西日本の人口が回復するのは、縄文後期のこととなる。愛知県付近から東側が縄文文化を色濃く残しているとされるのは、一般的に言われている植生の差だけでなく、鬼界カルデラの大噴火の影響もあったかもしれない。

その後も天変地異は相次ぎ、一瞬で集落が消えるという災害は、何回も起きた。

中でも黒井峯《くろいみね》遺跡（群馬県渋川市）は、「その時」を今に伝えていることで知られている。

六世紀半ばに榛名《はるな》山で大噴火があり、一〇キロ先のこの集落は、軽石が二メートル積もったという。そのときに埋もれた家のうちの一軒で、住民と軽石との格闘の形跡が、発見された。土を軽石にかけ熱を取ろうとした痕跡があるほか、土間には巫女《みこ》がつける「玉」が焼けずに残っていた。巫女が迫り来る軽石に首飾りを投げつけ、呪《じゅ》術《じゅつ》ではね返そうとしたのだろうか。

考古学だけでなく、文献からも、歴史的災異を拾い出せる。たとえば八世紀の聖武天皇の時代には、関西でマグニチュード七クラスの地震が起きていたことが、『続日本紀』の記述から読み取れる。

日本人は、度重なる大災害を生き抜き、へこたれることなく、復活してきたのだ。この底力は、どこから湧《わ》きあがってきたのだろう。

**民族の「三つ子の魂」**

ヒントを握っているのは、「天皇」と「神道」ではなかろうか。

実在の初代王と目される第十代崇神《すじん》天皇は、疫病《えきびょう》の蔓延《まんえん》に苦しめられた。そして、人口が半減する災異に苦しみ、ためしに占いをしてみたところ、出雲神・大物主神《おおものぬしのかみ》が神託を下した、つまり、疫病の原因が大物主神の意志であることが分かった。そこで崇神天皇は、大物主神を丁重に祀《まつ》り、ようやく平穏を取り戻すことができた。

この説話の中に、多くの暗示が込められている。大物主神の「物」は、「物の怪《け》」の「モノ」で、古くは「鬼」を「モノ」と呼んでいた。「モノ（物）」に、霊魂は宿るというアニミズム的発想から、「物」は「神」や「鬼」とみなされたのである。

したがって、大物主神とは、「偉大なる鬼の主の神」「鬼の中の鬼」のことで、日本一恐ろしい神だった。

日本人にとって神とは、恵みをもたらすありがたい存在であるとともに、人智《じんち》の及ばぬ自然災害や祟《たた》りをもたらす恐ろしい存在だった。そして、天皇は神を祭り、神そのものとなると、古代人は信じた。だから、天皇に手をかければ恐ろしい目に遭うと信じられていたのである。天皇は神であり鬼でもあったのだ。「現人神《あらひとがみ》」を「荒人神」とも書くのは、その意味を、日本人が良く心得ていたからだ。

日本人にとっての「神」とは、大自然と考えると、分かりやすい。大自然はわれわれに恵みをもたらすが、時に災いももたらす。地震や津波、火山の噴火、台風の襲来といった自然災害は、神の怒りと信じられたのである。

そのため日本では、神が怒らないように神社で祭り、神輿《みこし》に乗せ担《かつ》ぎ上げ、人は神の前にかしこまった。驕《おご》り、侮《あなど》れば、神（大自然）からしっぺ返しを受けることを、本能的に知っていたのであろう。

この考え方はいわば「抗《あらが》わない智恵《ちえ》」である。そして、もうひとつ大切なことは、「共存する智恵」でもあるということだ。そこには、どんなに大自然に逆らってもかなうわけがないという「諦念《ていねん》」が横たわる。そして、その「諦念」の裏側に秘められた「開き直り」こそ、日本人のパワーの源泉なのではないか。人と人をつなぐ、共存のための智恵、ネットワーク、助け合う精神は、こうして生まれたのである。

# 45　大災害が動かした日本の歴史

## 戦国時代のきっかけは大地震

大災害は、歴史を動かす。

たとえば、十二世紀初頭頃から荘園公領制（私的な荘園と公的な公領が併存した状態）という土地制度が発展し、十五世紀後半から十六世紀にかけて荘園公領制が崩れ、武士が台頭し戦国時代が訪れるが、どちらの転機にも、大災害がからんでいた。

天仁《てんにん》元年（一一〇八）七月、浅間山（長野県と群馬県の県境）が大噴火を起こし、東側一帯の土地に火山灰が降り積もり、田畑や用水路がことごとく埋まってしまった。群馬県といえば「うどん」が有名だが、その理由は、この時水田が使い物にならなくなったからとする説がある。

それはともかく、目聡《めざと》い豪族たちは、荒廃した土地を開墾し直し、私有地にしてしまった。関東の大開墾時代が始まったのだ。その土地を、天皇家や摂関家、貴族や寺社などの権門に寄進し、荘園が生まれ、豪族たちは地頭や郷司《ごうじ》となった。ここに、荘園公領制が発展する要素が整ったとされている。

中央の貴族たちは、笑いが止まらなかっただろう。地方豪族が勝手に荒地を開墾し、寄進してきたからだ。また豪族たちが武士団を形成し東国武士団が生まれたのも、これがきっかけだった。

さらに、こののち十四世紀になると、都市や市が発達し、輸入貨幣によって経済が活性化され、バブル経済が出来《しゅったい》していた。

ところが、十五世紀末の大災害によって、転機が訪れる。それが、明応七年(一四九八)八月二五日の巨大地震だ。震源は遠州灘《えんしゅうなだ》で、マグニチュードは八・二〜八・四。浜名湖が外海につながったのはこの時だった。大津波が押し寄せ、紀伊半島の紀ノ川流域から房総半島まで、大きな被害が出た。鎌倉の長谷寺《はせでら》の堂舎も津波に押しつぶされた。東海地方から関東の沿岸部や津(港)は壊滅的被害を蒙《こうむ》ったのだ。

太平洋航路が寸断されたことで、伊勢大神宮権力は衰退、すでに北条氏が伊豆を制圧していたことも手伝って、室町幕府の出先政庁として東国を支配していた鎌倉府体制が崩壊する事態を招いた。流通の断絶だけではなく、寒波と飢餓が襲い、荘園公領制そのものが崩壊し、バブルははじけたのだ。そして、戦乱の時代の幕は切って落とされた。戦国時代の遠因は、遠州灘の大地震だったわけである。

## 聖武天皇のリーダーシップ

平城京に都が置かれた時代も、天変地異が相次ぎ、歴史が大きくうねった。特に、聖武天皇の時代、災異が頻発した。人々は塗炭の苦しみを舐《な》め、山上憶良《やまのうえのおくら》が貧窮問答歌を作ったのは、このころだ。

神亀《じんき》元年（七二四）に聖武天皇は即位するが、天平《てんぴょう》二年（七三〇）以降、この帝は、毎年のように日照りや飢餓に苦しめられた。

天平六年（七三四）四月七日には大地震があって、多くの人が亡くなり、聖武天皇は天変地異が絶えないことを「異常なことだ」と述べ、「すべて私に徳がないためだ」と嘆いてみせ、祈禱《きとう》をくり返したのである。

天平七年（七三五）になると今度は天然痘の大流行が始まり、大勢の百姓《おおみたから》が亡くなっていった。天然痘は感染力が強く（飛沫《ひまつ》、接触感染）、丘疹《きゅうしん》が全身に広がり、惨《むご》たらしい姿となり、苦しむ。死亡率は四〇％前後と高い。飢えと病魔に襲われた平城京は、地獄絵巻のような光景になっていたであろう。

天平九年（七三七）には、朝堂を独占し、わが世の春を謳歌《おうか》していた藤原不比等の四人の子（武智麻呂、房前《ふささき》、宇合《うまかい》、麻呂）が、天然痘で一気に全滅する。藤原氏は、権力の座から、あっけなく滑り落ち、反藤原派が台頭した。劇的な政権交替である。

藤原氏は神亀六年（七二九）に、罪もない長屋王を滅亡に追い込んでいたから、一連の災異は長屋王の祟りと信じられていたらしい。祟り神の恐怖に、都中が震え上がったのである。

ただし、天然痘の猛威は、政権交替をもたらしただけではなかった。聖武天皇は、危機を脱し人心を掌握するために、ひとつのプロジェクトを立ち上げた。それが東大寺建立《こんりゅう》だった。

東大寺といえば、「天皇権力による搾取」というイメージが強いが、真相は全く違う。

古くから日本では、権力者やお大尽が功徳《くどく》を独り占めにしても意味がないと考えられていた。それよりも、多くの人がわずかな力を持ち寄ることで、大きな功徳が得られると信じられていた。庶民の合力《ごうりき》でお堂を建てる行為は、すでに奈良時代に始まっている。このような行為を「知識」ともいい、聖武天皇は、庶民の「災異に負けない姿」に感動し、自らも「合力」をしてみたいと願い、乞食坊主《こじきぼうず》（優婆塞《うばそく》）らを集めたのである。

すなわち聖武天皇は、災異の責任をひとりで背負い込み、その上で、強いリーダーシップを発揮し新たなプロジェクトを立ち上げ、庶民に夢を与え、労働意欲をかき立て、巨大な仏像と寺院を建立することに成功した。

このように、災異は大きく歴史を動かしたが、先人たちは知恵を出し合い、それを乗り越えてきたのである。

## 46 「東側の視点」で古代史を見つめ直す

### 悪者にされた蘇我氏と「東」

二〇一三年に放映されたNHK大河ドラマ「八重の桜」は、敗者の視点から幕末の歴史が描かれている。好感の持てるドラマだった。

長い間明治維新は、勝者の視点で論じられ、薩長土肥の正義ばかりが目立った。しかし、単純な勧善懲悪で歴史を語ってはならない。徳川幕府や会津藩にも言い分があったはずなのにほとんど顧みられず、一方的な歴史観が罷《まか》り通ってきたように思う。勝てば官軍である。

歴史は勝者がつくるものなのだとつくづく思う。維新後百五十年近くたって、ようやく多角的な視点から幕末と明治維新を見つめ直す気運が高まってきたということだろうか。

古代史でも、まったく同じことがいえる。西暦七二〇年に編纂《へんさん》された『日本書紀』が勝者の歴史書であったことに、どれだけ注意が払われてきただろう。

七世紀は蘇我氏が没落し、藤原氏が台頭する時代だった。そして同時に、蘇我氏とつながっていた「東」も衰退したのだ。

当然、蘇我氏と「東」は『日本書紀』の中で悪者に仕立て上げられた。

たとえば、景行《けいこう》四〇年七月条には、次のようにある。景行天皇が日本武尊《やまとたけるのみこと》に、東の夷《ひな》の国の人びとの様子を語る場面だ。

「彼らは性格が凶暴で境界を奪いあい、略奪が絶えない。毛皮を着て生き血をすすり、兄弟は互いに疑っている。恩を受けてもすぐに忘れ、恨みを抱けば必ず報復する。結んだ髪の中に矢を隠し、刀を衣の中に携帯し、徒党を組んで掠奪《りやくだつ》行為を繰り返している」

これを聞いて、ヤマトタケルは東日本平定に向かったのだった。このような『日本書紀』の記事によって、古代の「東」はヤマトに征服され、支配される地域というイメージができあがっていったのである。

史学界も、古代の東国を軽視したままだ。弥生時代以降、多くの先進の文物は西からもたらされたから、「東」は野蛮で未開の地と信じられているのだ。

しかしわれわれは、大きな見落としをしている。東側から古代史を見つめ直すと、これまで語られることのなかった、大きな発見があるはずなのだ。

たとえば、壬申の乱（六七二）で東海の尾張氏が大活躍したのに、『日本書紀』は無視している。藤原氏にとって尾張氏は蘇我氏同様、仇敵《きゅうてき》だったのだ。「東海の尾張氏」が巨大な勢力だったからこそ、『日本書紀』は記事を残さなかったのだ。『日本書紀』の次に編纂された正史『続日本紀』が、たまたま尾張氏にまつわる関連記事を残したことで、真相は明らかになった。

## ヤマト建国への東国の影響力

「八重の桜」の舞台となっている「会津」の地名由来が『古事記』に記されている。ヤマトから遣わされたふたりの将軍が東西からこの地で落ちあったから「相津《あいづ》（会津）」と呼ぶようになったという。崇神天皇の御代のことで、要するに、ヤマト建国直後の話だ。

ヤマト建国後早い段階で東北地方にも前方後円墳が伝播《でんぱ》しているのだが、興味深いのは、四世紀の北限が福島県南部（会津若松市の周辺）だったことだ。つまり、会津がヤマトの勢力圏に組み込まれていたという『古事記』や『日本書紀』の説話は、考古学によって裏付けられたわけだ。ただし、前方後円墳造営がヤマト側の押しつけだったのかというと話は別で、むしろ「会津の首長がゆるやかな同盟関係を選択した」

というのが本当のところだ。「東」はヤマトに屈服したわけではなかったのだ。

われわれは、ヤマト建国における東国の役割についても、大きな誤解をしている。三世紀初頭、さまざまな文物がヤマトに流れ込み、纒向《まきむく》遺跡（奈良県桜井市）が出現し、このあちヤマトは建国された。

注目してみたいのは、ヤマトにもたらされた外来系土器の過半数が「東側」のものだったことだ。ところが『日本書紀』は、ヤマト建国に果たした「東」のこうした役割をまったく記録していない。だから通説は、「労働力として狩り出されたのだろう」と高をくくっている。

そこで視点を移してみよう。多くの地域の人びとがこののちヤマトの盆地や周辺に拠点を構えるようになるが、その立地は、「なるべく故郷に近い場所」「身に危険が迫ったら逃げられる場所」を選んだ気配がある。筆者は物部氏を「吉備出身」と考えるが、彼らは河内から奈良盆地西部にかけて、勢力圏を築き上げている。物部氏は、本能的に「瀬戸内海の近く」を選んだのだ。近江や宇治川、淀川水系に地盤を持つ春日氏らは、奈良県北部（奈良市）に根を張った。いざとなれば、援軍が近江から宇治川を下って一気に駆けつける場所だ。

そこで纒向遺跡に注目すると、意外な事実があぶり出されてくる。

遺跡は奈良盆地の東南の端にあって、隣接する最古の市場・海柘榴市《つばいち》から初瀬《はせ》街道（国道一六五号）が東に向かっている。縄文時代から東国と奈良盆地をつないでいた道だ。纒向遺跡は、「東国寄り」に位置していたことがわかる。それはなぜかといえば、ヤマト建国の中心に「東」の人たちが立っていたからだろう。

おそらく、ヤマト建国の真相を熟知していた八世紀の藤原不比等は、東国とヤマトの関係を抹殺するためにも、事実を書き残さなかったのだろう。

日本の歴史に隠された多くの謎は、「東側からの視点」で、解けてくるのではないだろうか。

# 47　古代の「情報戦」と「ネットワーク」

## 日本書紀と壬申の乱

情報操作や情報戦は、今に始まったことではない。古代でも、「情報」は、大きな意味を持っていた。たとえば歴史書（正史）の編纂も、極論すれば、情報操作を最大の目的としていた。

中国では、新王朝が旧王朝の腐敗ぶりを糾弾し、世直しの正当性を証明しようとした。新王朝の正義を主張するために、誇張、改竄《かいざん》、捏造《ねつぞう》は、当然行なわれ、政権交代、王朝交代の正義が唱えられた。「勝てば官軍、負ければ賊軍」である。

日本でも、西暦七二〇年に『日本書紀』が編纂され、藤原不比等を中心とする新政権は、前政権を主導していた蘇我氏を「大悪人」に仕立て上げることに成功している。蘇我氏は改革派だったのに、業績はすべて蘇我系皇族・聖徳太子に預けられ、聖徳太子の子・山背大兄王《やましろのおおえのみこ》と一族（上宮王家）を滅亡に追い込んだという説話を用意することで、「王家を蔑《ないがし》ろにした蘇我氏」のイメージは完成した。だからいまだに、蘇我氏は大悪人だったと、教科書に記されているわけだ。情報戦によって、千年以上にわたって、真実の歴史は封印されてしまったのである。

古代史に残された「情報戦」で、もうひとつ分かりやすいのは、壬申の乱（六七二年）だろう。敵対していた近江朝の大友皇子《おおとものみこ》と吉野の大海人皇子《おおあまのみこ》（大友皇子の叔父《おじ》）は、お互いの動静を探り合っていたようだ。大友皇子のもとに嫁いでいた大海人皇子の娘・十市皇女《とおちのひめみこ》は、吉野に送り届ける鮒《ふな》の腹に密書を仕込み、近江の様子を知らせていたという（『宇治拾遺物語』）。十市皇女は夫を裏切り、父のために働いていたのである。

結局大海人皇子は、近江朝が山陵造営のために人夫を動員しているという報を「徴兵」と判断し、「こちらは恭順し、遁世《とんせい》していたのに、大友皇子が先にこぶしを振り上げた」と宣伝。実際は、半ば言いがかりに近い揚げ足取りなのに、挙兵の大義名分を獲得した。情報の「収集」と「宣伝」という情報戦に勝利した大海人皇子は、諸豪族を味方につけることに成功したのだ。

大海人皇子は、吉野の山の民に守られたが、縄文時代以来、ヤマトは「山の民の築き上げたネットワーク」によって列島各地と結ばれていたから、彼らの諜報網《ちょうほうもう》を活用し、情報戦を優位に進めたのであろう。

## 捨てられた秦氏《はた》

情報戦といえば、すぐに思い浮かぶのは、戦国時代の「忍者」だ。意外なことに、彼らの根っこを辿《たど》っていくと、聖徳太子（蘇我氏）や秦氏に行き着く。

甲賀《こうか》忍者は、「聖徳太子が志能便《しのび》を駆使した」と伝え、甲賀忍者の祖は、聖徳太子に仕えていたという。

なぜ、聖徳太子と忍者がつながってくるのだろう。

忍者は修験道や芸能の民と同じ流れを汲《く》んでいるが、彼らに共通するのは、藤原氏の台頭とともに零落し、野に下っていったことと、太子（聖徳太子）信仰でつながっていたことだ。

問題は、なぜ「歴史の敗者」が太子信仰にすがったのか、ということだ。鍵《かぎ》を握っているのは秦氏である。

伊賀忍者の服部《はっとり》氏の祖は秦氏とする伝承がある。不確実な言い伝えで、定説とはなっていないが、秦氏と忍者は、「裏側で暗躍する人たち」という共通点をもっている。

秦氏と言えば、聖徳太子に寵愛《ちょうあい》された秦河勝《はたのかわかつ》が有名だ。秦氏は新羅系の渡来人で、蘇我氏没落後、百済系の藤原政権のもとで活躍したが、やがて裏切られ、冷遇され、鬼の烙印《らくいん》を押された。そして最後は、いわれなき差別を受けるにいたった。朝鮮半島の新羅と百済が宿敵だったことは、秦氏にとって不運であった。利用された挙げ句に、捨てられたのである。

秦氏を祀る伏見稲荷《ふしみいなり》は、祟《たた》り神として名高いが、それはなぜかと言えば、秦氏が藤原政権に対し、深い恨みを抱き続けてきたからだろう。

『風姿花伝《ふうしかでん》』の中で世阿弥《ぜあみ》は、秦河勝の末裔《まつえい》であることを自称し、「秦河勝は化人《けにん》で祟る」としたためている。差別される「鬼」を、自認していたのだ。ここに、秦氏の悲しい歴史と凄《すご》みを感じずにはいられない。

秦氏は太子信仰を底辺の人びとに広めることで、権力者に立ち向かうすべを得た。『日本書紀』の歴史改竄を逆手にとって「真実を知っている」「真相を暴露する」と、脅しの材料にしたのだろう。

秦氏の氏寺・広隆寺の本尊・聖徳太子三十三歳像に、歴代天皇が即位儀礼に用いた服を朝廷が贈りつづけてきたのは、このためだろう。

一方で秦氏の末裔は、密《ひそ》かに秦河勝を神格化し、「宿神《しゆくしん》」「後戸《うしろど》の神」と崇《あが》めた。後戸の神は、盧舎那仏《るしやなぶつ》の守護神としてお堂の後ろ側の戸に控える目立たない神だが、実際には、「北極星（宇宙の中心）」を意味していた。いわば、「裏と闇《やみ》の大王」が、「宿神」「後戸の神」である。

秦氏の末裔は、虐《しいた》げられ蔑視《べっし》されたが、誰にも気付かれないように、裏側から世界を支配しようと目論《もくろ》んだようだ。それを可能にしたのは、太子信仰で、そして、もうひとつ大切な要素は、日本列島に張り巡らされた、目に見えないネットワークであった。そこからあがってくる情報を駆使して、彼らは権力者を出し抜き、あざ笑い、あるときは、利用される振りをして協力し、財を得たのだろう。

情報戦の歴史には、深い闇が横たわっている。

## 48　「奈良の雑煮」はなぜ丸餅を煮るのか

### 「東」と「西」の差

お雑煮と古代史には、不思議なつながりがある。

お正月に雑煮を食べるのは、一種の神事だ。年神（正月、家に来訪する神）に供えて、神の力を餅《もち》に移し、それを食すことによって、神から御利益《ごりやく》をいただく。お雑煮は、古い信仰に由来している。

それだけではない。「餅の形」が、巡り巡って古代史とつながっているのだ。

興味深いのは、東日本と西日本では、餅の形も調理の仕方も違うことだ。

おおまかにいってしまうと、東日本は、角餅を焼いて煮る。西日本は、丸餅を焼かずに煮て食す。なぜか、あべこべなのだ。

東西日本で食の嗜好《しこう》に差があることは、よく知られている。東海道線の名古屋から関ヶ原付近にかけて、掛けそば（うどん）の汁の色が変わる境界線が存在する。それはちょうど、西日本の照葉樹林帯、東日本の落葉樹林帯という植生の分かれ目ともほぼ重なっていて、東のサケ、西のブリという魚の好みも、ほぼこのラインで入れ替わる。

なぜこのような差が生まれたかといえば、最大の原因は、縄文時代に人口が東に偏って多かったからだろう。

それで弥生時代や古墳時代のみならず現代に至っても、東日本に縄文的な文化が残ったし、西から東に向けて、渡来系と縄文系のなだらかな人種差の勾配《こうばい》が確認できる。

食文化だけではなく、言語や風習も、東西日本では異なっている。たとえば「箸《はし》」と「橋」のように、アクセントが東西で逆になっている例が多い。生活様式も違う。西日本のカマドは東日本には少なく、囲炉裏《いろり》が主流だった。同じ物の呼び名でも、西の「風呂《ふろ》」と東の「湯」のように、異なる場合がある。

東西日本の嗜好や文化の差を挙げれば切りがない。

## 「餅」と「墳墓」の形

ところで、古代の埋葬文化も、東と西で、違っていたようだ。古墳の形に差があったのだ。

古墳といえばすぐに思い浮かべるのは、前方後円墳だろう。

前方後円墳は、日本で独自に発達した埋葬文化だ。弥生時代の日本列島で、円形の墓に溝（周溝《しゅうこう》）が加えられ、聖と俗の領域を隔離するようになった。ただそうなると、「お墓参りに不便」なため、一部分に、あぜ道のような土盛りをした。ウソのような話だが、この「あぜ道もどき」が、前方後円墳の「前方」に発展したというのが、今日的解釈なのである。

そして三世紀初頭、前方後円墳とほぼ同時に、前方後方墳も出現していて、やはり「あぜ道もどき」が、前方後方墳の「前方」につながっていったらしい。

前方後円墳の原型は、弥生時代後期の吉備（岡山県と広島県東部）に出現した弥生墳丘墓で、かたや前方後方墳は、畿内から東日本で盛行した方形周溝墓が発展したと考えられている。問題は、西日本は「円墳（丸）」、東日本は「方形周溝墓（方墳。四角）」が好みだったことだ。これ、おおまかにみると、お雑煮の丸餅と角餅の分布圏に重なるが、偶然とは思えない。

不思議なのは奈良県のお雑煮だ。形は「丸」で関西そのものなのだが、焼いて煮るところが東日本的なのだ。これは、東西文化の折衷なのか？

なぜ関西のど真ん中の奈良県で、丸餅を焼いてしまうのだろう。

奈良県は、「西に飛びだした東」「岬のようにとんがった東の土地」なのではないかと思えてならない。

弥生時代、稲作文化は北部九州に上陸したあと徐々に東漸していったが、奈良盆地の手前で一度くい止められていたようなのだ。東北地方で盛んに造られていた土偶が橿原《かしはら》遺跡（奈良県橿原市）で出土している。東日本の縄文人たちが、土偶の呪術《じゆじゆつ》を駆使して、新来の文化をはね返そうとしていたのだろう。また、鯨の骨も発見されていて、和歌山県や瀬戸内海の海辺の縄文人も、わざわざ奈良盆地に集まっていた。彼らもいっしょに、抵抗を試みていたのではないかと考えられている。

縄文時代、すでに東日本と奈良盆地の交流は活発で、陸路を使った流通ルートは確立していた。ヤマト建国の地・三輪山麓纒向《さんろくまきむく》がヤマトと東日本を結ぶ大動脈の「交差点」に当たっていたのだ。また、三世紀の纒向遺跡に集まってきた外来系の土器の数は、東側から流れ込んだ量が半数を超えていた。ヤマト建国直前のヤマト周辺が鉄の過疎地帯だったこと、ヤマト建国の象徴・前方後円墳にヤマトの埋葬文化の影響がほとんどなかったことを考えると、ヤマト建国の中心に立っていたのは「東の人びと」だった可能性が高まる。

奈良は「西側から押し寄せる脅威に対抗するための砦《とりで》」になり得る戦略上貴重な場所だったのだ。だから、ヤマト建国直前、「東の人びと」が力をあわせて奈良の盆地に集まり拠点を作り、これに驚いた吉備や出雲が、ヤマトに乗り込んできたのだろうと、筆者は推理する。

奈良の雑煮が、関西風の丸餅なのに、東日本と同じように焼いて煮るのは、このような奈良の特殊な地形が生み出した「物言わぬ歴史の残像」なのではないかと思えてくる。

# 49 古代人が中国に抱いた「ある直感」

## 冊封《さくほう》を受けない道

中国は長い間、自分たちが世界で一番優れているという中華思想（華夷《かい》思想）に浸り、冊封体制（近隣国との君臣関係）を敷いてきた。現代に至っても、国名にはっきりと「中華」の二文字が刻まれている。

漢民族は隣接する他民族を野蛮人とみなすようになり、秦や漢の時代に優越感が結晶し、中華思想が出来したのである。

ただし、天子（皇帝）の徳を慕って来朝し、帰伏した者に対しては、寛大な待遇を示した。天子は冊書（文書）を与え、叙任し、君臣関係を結び、それぞれの地域の支配者であることを認めた。これが、冊封体制であった。

朝鮮半島だけではなく、古代日本も、中国の冊封体制に組み込まれていた。『後漢書』には、建武中元二年（五七）、倭の奴国が使者を遣わし、貢物《みつぎもの》をささげて挨拶《あいさつ》に来たこと、光武帝は倭の奴国王に印綬《いんじゅ》（印と紐《ひも》）を授けたと記録される。さらに三世紀、邪馬台国の卑弥呼は、魏に朝貢し、「親魏倭王」に封じられた。

五世紀になると、倭国王は南朝の宋（四二〇〜四七九）に朝貢し、爵位を求めた。彼らが、いわゆる倭の五王だ。宋は北側の北魏を敵視していたから、包囲網を形成しようと考え、高句麗や百済など朝鮮半島の国々を重視した。けれども、海の向こうの倭国には、高い関心を示さなかったようだ。倭国王が期待していた高い位の称号は、なかなか得られなかった。倭の五王最後の武王は五世紀後半の雄略天皇と考えられている。武王は高句麗の王と同等の称号を要求したが、夢はかなわなかった。

四世紀後半以降、高句麗は南下政策を採り、百済や新羅、伽耶諸国は悲鳴を上げた。これらの国々を軍事的に支えたのが背後の憂《うれ》いのない倭国だった。「朝鮮半島南部を守っているのは倭国」という強い自負があっただろうが、宋は高句麗の南下を黙認し、倭国の期待を裏切った。

宋のご機嫌をとっても意味がないことに気付いた倭国は、こののち冊封を受けない道を選んでいく。また倭国側にも、このころから中華思想が芽生えたのではないか、と疑われている。

高句麗の王だった広開土王《こうかいどおう》碑には、百済や新羅が倭国に靡《なび》いていたと記され、倭国王・武が宋に送った上表文には、百済が倭国に隷属《れいぞく》していると伝えている。六世紀末以降、遣隋使、遣唐使が派遣されたが、ここでも、日本は冊封を受けていない。聖徳太子は「日出《い》づる処《ところ》の天子……」と、尊大とも見える国書を送り届けているが、背景には、五世紀後半以来の「日本はもうひとつの中華」という発想が横たわっていたのだろう。

この日本の態度を「井の中の蛙《かわず》」と解釈する史学者もいる。しかし、筆者は違う考えを持つ。

## 樹木を失った冷徹な文明

まず、古代の日本と朝鮮半島の関係は、とかく「すべての文化は朝鮮半島からもたらされた」と語られることが多い。だが、お恵みを頂戴《ちょうだい》していたわけではない。「魏志倭人伝」には、「対馬の人びとは南北を往来し市糴《してき》（交易）をしていた」とあり、倭人の商人（海の民）が日本列島と朝鮮半島の間を往き来していたことがわかる。朝鮮半島からの一方的な文物の流入など非現実的であり、またこの時代の倭国は、朝鮮半島情勢のキャスティングボートを握っていた。

このように倭国は自立し、強い自尊心を抱いていたのだ。さらに、島国の日本は、中国や騎馬民族の武力を肌で感じることはなかった。だから、中国の冊封を受けなかったのだ。

それ以上に大きな意味を持っていたのは、「彼我の文化、文明、信仰はまったく異なっている」ことに、古代日本人が気付いていたところだと思う。そう感じたのは、『日本書紀』神話の中でスサノヲが、「日本には豊かな森がなければいけない」と語り、日本列島に樹木の種を蒔《ま》いたと伝えられているからだ。列島の深い森が、強く認識されていたのだ。かたや中国や朝鮮半島では、冶金が発達し、森林は燃料にされてしまった。

「樹木に神は宿る」と信じ、神を「杜《もり》」で祀っていた日本人には信じられない光景が、朝鮮半島や大陸には広がっていたのだ。どこまでも続く荒野を観《み》て帰国した外交官や学問僧、商人らは、心の底から違和感を覚えたにちがいない。

日本文化は、何もかも中国や朝鮮半島の真似《まね》のように見えて、まったく同じではなかった。律令（法制度）は日本の政治風土に合わせて改編したし、仏教美術にしても、縄文以来民族に継承されてきた独特の美意識が加味され研ぎ澄まされた。仏教美術は日本列島に至って花開いたとたびたび評論されるが、これには理由があったのである。

古代の列島人は、中国や朝鮮半島の国柄と文化を理想としていたわけではなく、良いところだけは取り込むという冷めた関係を保っていたのである。

今日の中国もまた、「樹木を失った冷徹な文明」であることに変わりはなく、同じアジアとはいえ、根本的に日本人とは相容《あいい》れない文化圏に属している。古代人の直感を侮ってはいけない。アジアは、決して同じではないし、ひとつにはなれないのである。

# 50「任那日本府」の何が問題か

## 「任那《みまな》日本府」は存在しなかった？

二〇一五年四月六日に検定合格した中学校教科書に、朝鮮半島南部の「任那日本府」の記載があり、韓国のマスコミは非難の声をあげた。李完九《イ・ワング》首相（当時）も、「歴史歪曲」と発言し、韓国国会の「東北アジア歴史歪曲対策特別委員会」は「安倍政権の独島《ドクト》（日本名・竹島）領有権の侵奪および古代史の歪曲に対する糾弾決議案」を採択している。

「任那日本府」の何が問題なのだろう。

そこでまず、「任那」について、基礎知識を頭に入れておこう。『日本書紀』は、朝鮮半島最南端の海岸地帯の伽耶《かや》諸国（小国群）を、「任那」と一括して呼んでいる。交通の要衝で、多島海を利用して栄えた。

最古の「任那」の記録は、西暦四一四年に建てられた高句麗好太王碑の銘文に刻まれた「任那加羅《から》」だが、不思議なことに、こののち「任那」は、朝鮮側の史料にほとんど登場しなくなる。一方中国の『宋書』は、五世紀の倭の五王に関連した記事の中で「任那加羅」を記録している。

『日本書紀』における任那の初出は、崇神六五年秋七月条の朝貢記事だ（おそらく四世紀）。その五年後の垂仁《すいにん》二年是歳条にも任那関連記事が取りあげられていて、さらに応神七年秋九月条には、「高麗人、百済人、任那人、新羅人が来朝した」とも記録される。

そして問題の「任那日本府」の初出記事は、欽明二年（五四一）夏四月条だ。新羅と百済に領土を侵食された任那が倭国に助太刀を頼み、これに応《こた》え安羅《あら》（慶尚南道咸安《ハマン》）に拠点を構えたと『日本書紀』はいう。

ただし朝鮮側の史料に、この「日本府」の文字はない。ならば、「任那日本府」、どのように判断すればよいのだろう。

韓国の史学者、考古学者、マスコミ、政治家も、古代朝鮮の優位性を信じて疑わないから、「任那日本府などなかった」と主張し、『日本書紀』が「任那日本府」を捏造《ねつぞう》したというのである。

そして近年、朝鮮半島の考古学の進展によって、任那日本府に関して、日韓の史学者に、共通の認識が生まれつつあると言う。すなわち任那日本府は、六世紀前半に倭の外交使節が短期滞在した「安羅倭臣館」にすぎないというのだ（朴天秀《パク・チョンス》『加耶と倭』講談社選書メチエ）。日本人自身も「先進の文物は朝鮮半島から一方的に流れ込んできた」という漠然とした通念に縛られているから、韓国側の反発に、なかなか反論する勇気が出ないのではなかろうか。

## 朝鮮半島に及ぼした倭国の影響力

「任那日本府」は存在しなかったのだろうか……。長い交流の歴史を見つめ直すと、朝鮮半島南部に倭国の拠点が存在してもおかしくなかったと思えてくる。古代の倭人は、かなり積極的に朝鮮半島に進出していたからだ。その例を挙げてみよう。

太古の日本列島を渡来人が蹂躙《じゅうりん》し支配したという考えは、次第に、変わりつつある。「少数渡来」「先住民との融合」「列島人の稲作民化」「継承された縄文文化」「稲作民の人口爆発」という仮説が優勢になってきた。さらに、朝鮮半島南部と壱岐（長崎県壱岐市）の原ノ辻《はるのつじ》遺跡の発掘調査によって、興味深いことも分かってきた。弥生時代前期末から中期初頭にかけて、朝鮮半島の政治変動によって北部九州に半島の人びとが移り住んだが、政情が安定した弥生時代中期後半ごろから、北部九州沿岸地帯の人びとが交易を目的に原ノ辻遺跡を中継拠点として利用し、さかんに朝鮮半島に渡っていたのだ。北部九州から大量の弥生土器が搬入されていたのである。「魏志倭人伝」には、倭人の海の民が「農業では食べていけないので、南北に市羅(交易)をしている」という記述があって、この現象を裏付けている。

交易だけではなく、軍事面でも、倭国は朝鮮半島と関わりをもっていた。四世紀後半以降、朝鮮半島南部の国々は高句麗の侵攻に苦しめられ、倭国を頼り、倭国王は、しばしば遠征軍を朝鮮半島に派遣した。石上《いそのかみ》神宮(奈良県天理市)には百済王から贈られた七支刀《しちしとう》が祀《まつ》られるが、これは同盟のシンボルだった。

このあと倭国は百済と急速に接近していくが、その一方で、隣の新羅とは犬猿の仲になっていく。朝鮮半島の史料『三国史記』は、五世紀以前、倭人たちがたびたび新羅に押し寄せ、掠奪《りゃくだつ》して民を苦しめたと記録している。

新羅にとって倭国は、厄介な相手だったが、高句麗南下という問題を抱えているために、頭を下げる策に出た。五世紀初頭から、人質を倭国に送るようになったのだ。倭国と同盟を結んでいた百済も、四世紀末から人質を差し出している。

五世紀後半には、倭の五王の一人・武王(雄略天皇)は、南朝・宋の順帝から「使持節都督倭・新羅・任那・加羅・秦韓・慕韓六国諸軍事、安東大将軍、倭国王」に任ぜられている（『宋書』倭国伝）。朝鮮半島南部の軍事指揮権を追認されたのだ。

それだけではない。百済政権内部に倭人名の高級官僚が紛れ込んでいる。朝鮮半島に前方後円墳が存在するのは、倭人系役人が現地に赴き活躍し、結婚し子を生んでいたからだ。

また、『隋書』倭国伝には、「新羅や百済は、倭国を大国とみなし、珍しいものが多い国と考えている。倭国を敬い、つねに使節を往き来させている」という記事も残っている。

これらの例を見てくると、朝鮮半島に及ぼした倭国の影響力を無視することができなくなってくる。兵站《へいたん》を確保し外交戦を展開するための巨大拠点を、倭国が朝鮮半島南部のどこかに建てていた可能性は、非常に高いのである。

もし仮に韓国の要望を受け入れ、「任那日本府」という名称を歴史から削除したとしても、古代の朝鮮半島南部と倭国が緊密な関係にあったこと、ともに闘い、助け合い共存していたこと、けっして倭国は風下に立っていたわけではなかったこと、倭国の遠征軍を朝鮮半島南部の国々が待ち望んでいたという事実だけは、消し去ることはできないのである。

# おわりに

天皇が歴史上大きな役割を担《にな》ってきたことは改めて述べるまでもないが、大政奉還後の鳥羽伏見の戦いで、錦《にしき》の御旗《みはた》が掲げられたことや、徳川慶喜があわてて大坂城をあとにした事件の中に、「天皇の存在意義」が隠されていたし、「日本人の叡智《えいち》が凝縮している」と思えるのだ。

「はじめに」で述べたように、徳川慶喜の「潔い負けっぷり」は礼讃《らいさん》に価《あたい》するが、もしあのとき、単純に薩長連合ＶＳ徳川幕府の図式だけで闘っていたら、徳川慶喜はすんなり負けた振りをすることができただろうか……と考えてしまう。仮に徳川慶喜が断念しても、周囲の人間が、いうことを聞かなかったのではないか……。彰義隊や奥《おう》羽越《うえつ》列藩同盟だけではない。多くの幕臣が、江戸城に籠《こ》もり、徹底抗戦を目論《もくろ》んだだろう。

その点、幕府軍が「天皇の軍隊に負けた意味」は、大きかった。

その昔、とある地方出身の編集者と話をしているとき、「うちの田舎ではね、天皇さんには負けてあげよう、っていまだに言っているんだよ」と聞かされた。件《くだん》の編集者の故郷が「天皇さんに負けた」のは、今から千数百年以上も前の話だ。その時から「天皇さんには負けてあげよう」と言いながら（実際に実力で負けたのかも知れないが）、今日に至ったわけである。

天皇は神だ。神は鬼で、鬼は自然災害や疫病《えきびょう》となって、人びとの前に姿を現した。「天皇さんには負けてあげよう」という言葉はどこか、「人間は大自然の前には、ちっぽけな存在」という「潔い諦念《ていねん》」に似ている。

神道の根っこにある日本人の本来の信仰には、この「あきらめるきもち」が隠されている。徳川慶喜の負けっぷりも、このような日本人の三つ子の魂が、大きく作用したのではなかったか。

今回の執筆にあたり、新潮社新潮文庫編集部の高梨通夫氏、フォーサイト編集部安河内龍太氏、出版企画部ノンフィクション編集部堀口晴正氏、新潮社顧問の松田宏氏、歴史作家の梅澤恵美子氏に御尽力いただきました。改めてお礼申し上げます。

合掌

この作品は、新潮社の国際情報サイト「フォーサイト」で二〇〇九年一〇月号より連載の「国際人のための日本古代史」から五〇編を収録したオリジナル文庫です。

関　裕二著

**古代史謎解き紀行Ⅰ**
—封印されたヤマト編—

記紀神話に隠されたヤマト建国の秘密。大胆な推理と綿密な分析で、歴史の闇に秘められた古代史の謎に迫る知的紀行シリーズ第一巻。

関　裕二著

**古代史謎解き紀行Ⅱ**
—神々の故郷出雲編—

ヤマトによって神話の世界に隠蔽された出雲。その真相を解き明かす鍵は「鉄」だった！古代史の謎に鋭く迫る、知的紀行シリーズ。

関　裕二著

**古代史謎解き紀行Ⅲ**
—九州邪馬台国編—

邪馬台国があったのは、九州なのか畿内なのか？　古代史最大の謎が明らかにされる！大胆な推理と綿密な分析の知的紀行シリーズ。

関　裕二著

**藤原氏の正体**

藤原氏とは一体何者なのか。学会にタブー視され、正史の闇に隠され続けた古代史最大の謎に気鋭の歴史作家が迫る。

関　裕二著

**蘇我氏の正体**

悪の一族、蘇我氏。歴史の表舞台から葬り去られた彼らは何者なのか？　大胆な解釈で明らかになる衝撃の出自。渾身の本格論考。

関　裕二著

**古事記の禁忌《タブー》　天皇の正体**

古事記の謎を解き明かす旅は、秦氏の存在、播磨の地へと連なり、やがて最大のタブー「天皇の正体」へたどり着く。渾身の書下ろし。

# 新潮文庫最新刊

葉室 麟著
## 春風伝
激動の幕末を疾風のように駆け抜けた高杉晋作。日本の未来を見据え、内外の敵を圧倒した男の短くも激しい生涯を描く歴史長編。

藤原緋沙子著
## 百年桜 ―人情江戸彩時記―
新兵衛が幼馴染みの消息を追えば追うほど、お店に押し入って二百両を奪って逃げた賊に近づいていく……。感動の傑作時代小説五編。

諸田玲子著
## 来春まで お鳥見女房
珠世、お鳥見女房を引退――!? 新しい家族の誕生に沸く矢島家に、またも次々と難題が降りかかり……。大人気シリーズ第七弾。

北原亞以子著
## 祭りの日 慶次郎縁側日記
江戸の華やぎは闇への入り口か。夢を汚す者らから若者を救う為、慶次郎は起つ。江戸の哀歓を今に伝える珠玉のシリーズ最新刊!

西條奈加著
## 閻魔の世直し ―善人長屋―
天誅を気取り、裏社会の頭衆を血祭りに上げる「閻魔組」。善人長屋の面々は裏稼業の技を尽し、その正体を暴けるか。本格時代小説。

青山文平著
## 伊賀の残光
旧友が殺された。伊賀衆の老武士は友の死を探る内、裏の隠密、伊賀衆再興、大火の気配を知る。老いて怯まず、江戸に澱む闇を斬る。

# 新潮文庫最新刊

乃南アサ著
## 最後の花束
―乃南アサ短編傑作選―

愛は怖い。恋も怖い。狂気は女たちを少しずつ蝕み、壊していった――。サスペンスの名手の短編を単行本未収録作品を加えて精選！

船戸与一著
## 群狼の舞
―満州国演義三―

「国家を創りあげるのは男の最高の浪漫だ」。昭和七年、満州国建国。敷島四兄弟は産声を上げた新国家に何色の夢を託すのか。

津村記久子著
## とにかくうちに帰ります

うちに帰りたい。切ないぐらいに、恋をするように。豪雨による帰宅困難者の心模様を描く表題作ほか、日々の共感にあふれた全六編。

朝倉かすみ著
## 恋に焦がれて吉田の上京

札幌に住む23歳の吉田は、中年男性に恋をした。彼の上京を知り、吉田も後を追う。彼はまだ、吉田のことを知らないけれど――。

高田崇史著
## パンドラの鳥籠
―毒草師―

浦島太郎伝説が連続殺人を解く鍵に？ 名探偵・御名形史紋登場！ 200万部突破「QED」シリーズ著者が放つ歴史民俗ミステリ。

島田荘司著
## セント・ニコラスの、ダイヤモンドの靴
―名探偵 御手洗潔―

教会での集いの最中に降り出した雨。それを見た老婆は顔を蒼白にし、死んだ。奇妙な行動の裏には日本とロシアに纏わる秘宝が……。

# 古代史《こだいし》 50の秘密《ひみつ》

新潮文庫　せ－13－9

平成二十七年十月一日発行

著者　関《せき》裕《ゆう》二《じ》

発行者　佐藤隆信

発行所　株式会社 新潮社

郵便番号　一六二―八七一一
東京都新宿区矢来町七一
電話　編集部(〇三)三二六六―五四四〇
　　　読者係(〇三)三二六六―五一一一
http://www.shinchosha.co.jp

価格はカバーに表示してあります。

乱丁・落丁本は、ご面倒ですが小社読者係宛ご送付ください。送料小社負担にてお取替えいたします。

印刷・錦明印刷株式会社　製本・錦明印刷株式会社



ISBN978-4-10-136479-7 C0121